Leben in Gottes Fülle

Gib dich nicht mit weniger zufrieden

Andrew Wommack

Grace today Verlag

Originally published in the USA by

Living in God's Best

Die Deutsche Nationalbibliothek verzeichnet diese Publikation in der Deutschen Nationalbibliografie; detaillierte bibliografische Daten sind im Internet über https://dnb.de abrufbar.

Bibelzitate, sofern nicht anders angegeben, wurden der Schlachter Bibelübersetzung entnommen. Bibeltext der Schlachter, © 2000 Genfer Bibelgesellschaft. Alle Rechte vorbehalten. Alle Bibelübersetzungen wurden mit freundlicher Genehmigung der Verlage verwendet. Hervorhebungen einzelner Wörter oder Passagen innerhalb von Bibelzitaten wurden vom Autor vorgenommen.

ELB *Revidierte Elberfelder Bibel,* © 2006 SCM R.Brockhaus, Witten.
EÜ *Einheitsübersetzung der Heiligen Schrift,* © 2016 Kath. Bibelanstalt GmbH, Stuttgart.
LUT *Lutherbibel,* © 2016 Deutsche Bibelgesellschaft Stuttgart.
NLB *Neues Leben Bibel,* © 2017 SCM R.Brockhaus, Witten.
KJV *King James Version.*

Umschlaggestaltung: Harrison House Publishers
Corporate Design: spoon design, Olaf Johannson
Übersetzung: Christian Macha, Uwe Rexroth
Lektorat: Eunike Solbach, Gabriele Kohlmann, Thilo Niepel
Satz: Grace today Verlag
Druck: CPI Clausen & Bosse, Leck
Printed in Germany

5. Gesamtauflage 2022

Paperback: ISBN 978-3-95933-238-5, Bestellnummer 372238
E-Book: ISBN 978-3-95933-239-2, Bestellnummer 372239

www.gracetoday.de

INHALT

KAPITEL 1

Abhängig von Gott

Und der Engel des HERRN kam und setzte sich unter die Terebinthe bei Ophra; die gehörte Joas, dem Abiesriter. Und sein Sohn Gideon drosch Weizen in der Kelter, um ihn vor den Midianitern in Sicherheit zu bringen. Da erschien ihm der Engel des HERRN und sprach zu ihm: Der HERR ist mit dir, du tapferer Held! Gideon aber sprach zu ihm: Ach, mein Herr, wenn der HERR mit uns ist, warum hat uns dann dies alles getroffen? Und wo sind alle seine Wunder, von denen uns unsere Väter erzählten, indem sie sprachen: »Hat der HERR uns nicht aus Ägypten herausgeführt?« Nun aber hat uns der HERR verlassen und in die Hand der Midianiter gegeben! Der HERR aber wandte sich zu ihm und sprach: Geh hin in dieser deiner Kraft! Du sollst Israel aus der Hand der Midianiter erretten! Habe ich dich nicht gesandt?
— Richter 6,11–14

Zur Zeit Gideons wurden die Israeliten von den Midianitern unterdrückt, die immer wieder kamen und den Israeliten ihre Nahrungsmittel wegnahmen. Gideon drosch in einer Weinkelter Weizen, um ihn vor den Feinden zu verstecken. Er verbarg sich beim Versuch, ein bisschen Getreide auszudreschen, damit er etwas zum Essen hätte. Da erschien ihm ein Engel und verkündete: »Der Herr ist mit dir, du tapferer Held!«

Gideon erwiderte: »Wenn ich ein tapferer Held bin, wo sind dann all die mächtigen Wunder Gottes, von denen uns unsere Väter erzählt haben? Du weißt schon – wie er uns von den Ägyptern errettet, uns in dieses Land geführt und all die anderen Wunder vollbracht hat?« Manche Leute legen das als Kritik aus, so als hätte Gideon dem Engel sagen wollen: »Nein, ich glaube dir nicht. Ich vertraue dir nicht.« Ich persönlich sehe hier das genaue Gegenteil. Gideon hatte von den wunderbaren Anfängen des Volkes Israel gehört und war es leid, ein Leben auf einem niedrigeren Niveau zu führen. Er wollte gegenüber diesen Feinden, die Israel das Leben schwer machten, nicht klein beigeben, und fand eben einen Weg, unbeobachtet Weizen zu dreschen. In seinem Herzen hatte Gideon die Nase voll davon, unter dieser Unterdrückung zu leben. Er wollte wirklich das Beste, was Gott ihm zu bieten hatte. Der Engel antwortete ihm: »Geh hin in dieser deiner Kraft, Gott wird mit dir sein!« Mit anderen Worten, der Engel belohnte ihn dafür, dass er mehr wollte als das, was das Leben ihm gerade bot.

Als einer der ersten Schritte, um die übernatürliche Macht Gottes in deinem Leben wirken zu sehen, musst du an den Punkt gelangen, an dem du aufrichtig sagst: »So geht es nicht weiter!« Du erklärst aus vollem Herzen: »Ich weigere mich, weiter so zu leben wie bisher!«

Zeitverschwendung!

Steckst du beruflich in einer Sackgasse? Hasst du es, zur Arbeit zu gehen? Vielleicht stehst du montagmorgens auf und sagst: »Nicht schon wieder Montag!« Du schleppst dich durch die Woche, weil du deinen Job nun mal machen musst, aber wenn der Freitag da ist, jubelst du: »Gott sei Dank, endlich Freitag!«, weil du es kaum erwarten kannst, endlich von deinem Arbeitsplatz zu verschwinden. Warum solltest du so leben? Das hier ist keine Generalprobe, sondern das echte Leben. Und du verschwendest nur deine Zeit!

Entweder hast du heute Fortschritte gemacht und bist näher an das herangekommen, was der Herr für dein Leben hat, oder du hast einen weiteren Tag damit verbracht, Zeit zu verschwenden. Wenn du das, was du tust, nicht liebst, wenn du davon keinen Kick bekommst, wenn es dich nicht aufbaut und begeistert, warum tust du es dann überhaupt? Vielleicht sagst du: »Aber Andrew, ich muss doch von irgendetwas leben.« Warum schaffst du dir nicht erst einmal ein Leben?

Weißt du überhaupt, warum du so lebst, wie du es tust? Weil du dich damit abgefunden hast! Du marschierst einfach im Gleichschritt, schlägst die Zeit tot und bringst dabei nichts wirklich Bedeutungsvolles zustande. Du lässt einfach alles über dich ergehen.

Gott hat dich für einen speziellen Zweck geschaffen. Bei ihm gibt es keinen Ausschuss oder Ramsch. Er hat noch nie einen Versager erschaffen. Gott erzeugt auch keine mittelmäßigen Menschen oder solche, wie sie von der Welt als »normal« bezeichnet werden. Er hat jeden Menschen einzigartig gemacht und verfolgt mit jedem ganz bestimmte Absichten. Nicht jeder wird das tun, wozu ich berufen bin; genauso wenig werde ich die Berufung eines anderen erfüllen. Gott hat dich zu etwas Besonderem gemacht und dein Leben sollte etwas zählen. Du solltest begeistert sein über dein Leben und das Wissen, dass du Gottes Berufung und Bestimmung erfüllst. Und dennoch geben sich viele Leute mit weniger zufrieden.

Umso reicher aber ist die Gnade, die er gibt. Darum spricht er: »Gott widersteht den Hochmütigen; den Demütigen aber gibt er Gnade«. So unterwerft euch nun Gott! Widersteht dem Teufel, so flieht er von euch. — Jakobus 4,6–7

Demut bedeutet, dass du dich Gott unterordnest, dich ihm hingibst. Gemäß 2. Chronik 16,9 sucht der Herr jemanden, der demütig und ihm ergeben ist. Seine Augen suchen den einen, der hungrig ist und sich nach ihm sehnt, den einen, der nicht zufrieden ist mit dem, womit sich alle anderen zufriedengeben.

Unabhängig

In gewisser Weise renne ich hier offene Türen ein. Du liest gerade dieses Buch, das ein Hinterwäldler aus Texas geschrieben hat. Entweder bist du also ein leidenschaftlich Begeisterter, oder du liest das Buch, weil es dir ein solcher empfohlen hat. Jedenfalls bist du kein gleichgültiger Durchschnittschrist. Du sehnst dich nach mehr. Du bist Gott hingegeben. Du könntest im Fernsehen irgendeinen Quatsch anschauen, aber stattdessen liest du dieses Buch und setzt dich mit dem auseinander, was Gott dir dadurch sagen will.

Demut bedeutet, sich Gott zu unterwerfen und dem Teufel zu widerstehen. Wenn wir das tun, dann flieht der Teufel von uns. Leider unterwerfen sich die meisten Gott nicht. Wir widerstehen dem Teufel nicht. Wir arbeiten vielmehr mit ihm zusammen, und oft geschieht dies nicht einmal absichtlich. Uns ist einfach nicht bewusst, was wir da tun.

Demut bedeutet, sich von Gott abhängig zu machen, anstatt unabhängig zu sein. Es bedeutet, sich auf den Herrn zu verlassen, anstatt auf eigene Kraft und Fähigkeit. Wenn du versuchst, dein Leben aus eigener menschlicher Kraft und Anstrengung zu bewältigen, bist du nicht demütig, du hast dich Gott nicht unterworfen.

Genau das war König Asas Problem, wie wir in 2. Chronik 16,1–6 lesen. Das Königreich Israel war in zwei Teile zerfallen. Die zehn Stämme im Norden wurden Israel genannt, die zwei Stämme im

Süden nannte man Juda. Asa war der König von Juda. Der König von Israel stellte sich gegen Asa und begann, eine Stadt namens Rama zu bauen. Die Stadt wurde an einer strategischen Stelle errichtet, um Juda die Versorgungswege abzuschneiden und die Kommunikation mit den angrenzenden Ländern zu verhindern. Dahinter stand die Absicht, den Sieg Israels über Juda zu ermöglichen.

Als Israel Rama baute und die Belagerung begann, nahm König Asa alles Gold und Silber, alle Schätze, die im Haus des Herrn waren – sein gesamtes Vermögen –, und sandte alles an Ben Hadad, den König von Syrien, verbunden mit der Botschaft: »Lass uns einen Bund schließen. Bitte greife Israel an.« Die Idee dahinter war, dass Israel nicht gegen Juda würde kämpfen können, solange es in einen Krieg mit Syrien verwickelt wäre. Ben Hadad nahm die ganzen Schätze, erhörte die Bitte Asas und griff den König von Israel an. So musste der König von Israel seine Belagerung Judas aufgeben und den Bau der Stadt Rama unterbrechen.

Was ist daran auszusetzen?

König Asa ergriff die Gelegenheit beim Schopf, sandte alle seine Leute nach Rama und ließ sie alles Baumaterial, das dort zur Errichtung der Stadt bereitlag, wegschaffen. Das Bauvorhaben des Königs von Israel wurde damit zunichtegemacht. Asa gewann also im Grunde genommen diese Schlacht ohne einen Verlust an Menschenleben für sich und seine Truppen, weil er die Syrer engagiert hatte, Israel an ihrer statt anzugreifen. Auf diese Weise konnte er sein Problem lösen.

Die meisten Leute würden nun denken: *Was ist denn daran auszusetzen? Sein Problem war doch gelöst. Keiner der Leute von Juda hat sein Leben verloren. Was kann denn daran falsch sein?*

Aber Gott sah die Dinge anders. In 2. Chronik 16,7–8 lesen wir:

> *Aber zu jener Zeit kam Hanani, der Seher, zu Asa, dem König von Juda, und sprach zu ihm: Weil du dich auf den König von Aram verlassen hast und hast dich nicht auf den HERRN, deinen Gott, verlassen, darum ist das Heer des Königs von Aram deiner Hand entkommen! Waren nicht die Kuschiter und Lubier ein gewaltiges Heer mit sehr vielen Streitwagen und Reitern? Dennoch gab sie der HERR in deine Hand, als du dich auf ihn verlassen hattest.*

Behalte das mal im Hinterkopf, wenn wir jetzt auf die Verse in 2. Chronik 14 zurückschauen, die davon berichten, wie Asa an die Macht kam und seine Regentschaft als König begann:

> *Und Asa tat, was gut und recht war vor dem HERRN, seinem Gott. Denn er entfernte die fremden Altäre und die Höhen und zerbrach die Gedenksteine und hieb die Aschera-Standbilder um; und er gebot Juda, den HERRN, den Gott ihrer Väter, zu suchen und nach dem Gesetz und Gebot zu handeln. Er entfernte auch aus allen Städten Judas die Höhen und die Sonnensäulen; und das Königreich hatte Ruhe unter ihm.*
>
> *Und er baute feste Städte in Juda, weil in jenen Jahren das Land Ruhe hatte und kein Krieg gegen ihn geführt wurde; denn der HERR gab ihm Ruhe. Und Asa sprach zu Juda: Lasst uns diese Städte bauen und sie mit Mauern umgeben und mit Türmen, Toren und Riegeln, weil das Land noch*

frei vor uns liegt! Denn wir haben den HERRN, unseren Gott, gesucht; wir haben ihn gesucht, und er hat uns Ruhe gegeben ringsumher! So bauten sie, und es gelang ihnen.
— 2. Chronik 14,1–6

Juda hatte deswegen Frieden und Wohlstand, weil König Asa den Herrn suchte. Das bringen die oben zitierten Verse klar zum Ausdruck.

Stolz

Und Asa hatte ein Heer, das Langschild und Speer trug, 300.000 Mann aus Juda, und 280.000 aus Benjamin, die Kurzschilde trugen und mit Bogen schossen. Diese [580,000 insgesamt] waren alle starke Helden. Aber Serach, der Kuschit, zog aus gegen sie mit einem Heer von tausendmal tausend [eine Million], dazu 300 Streitwagen, und er kam bis Marescha. Und Asa zog aus, ihm entgegen. Und sie rüsteten sich zum Kampf im Tal Zephata bei Marescha. Und Asa rief den HERRN, seinen Gott, an und sprach: HERR, bei dir ist kein Unterschied, zu helfen, wo viel oder wo keine Kraft ist. Hilf uns, HERR, unser Gott, denn wir verlassen uns auf dich, und in deinem Namen sind wir gegen diesen Haufen gezogen! Du, HERR, bist unser Gott! Vor dir behält der Sterbliche keine Kraft! — 2. Chronik 14,7–10

»Gott widersteht den Hochmütigen; den Demütigen aber gibt er Gnade« (Jak 4,6). Asa demütigte sich und verließ sich ganz auf Gott. Er verfügte über 580.000 Mann, aber er hatte gegen ein Heer von über einer Million zu kämpfen. Das überstieg seine Kräfte bei weitem. Darum rief er zum Herrn und sagte: »Unsere Augen sind auf dich gerichtet. Wir schauen auf dich. Wir brauchen deine Hilfe!« Gott gibt dem Demütigen Gnade, aber er widersteht dem Stolzen.

Wenn du versuchst, alles aus eigener Kraft zu bewältigen, bedeutet das, du demütigst dich nicht. Wenn du loslegen und alles selbst tun willst, heißt das, du unterwirfst dich Gott nicht. Obwohl die meisten Menschen eine solche Haltung nicht als Stolz bezeichnen würden, ist es doch genau das, was dann dein Handeln bestimmt. Die meisten Leute denken bei Stolz an jemanden, der sich selbst überhöht und sich für besser hält als alle anderen. Doch Stolz ist von der Wurzel her einfach die Haltung, sich auf sich selbst zu verlassen. Wer stolz ist, hat sich entschieden, die Dinge selber in die Hand zu nehmen und alles allein zu schaffen.

Der Weg ist wichtiger als das Ziel

Als Asa sich demütigte und den Herrn um Hilfe anrief, kam dieser ihm zu Hilfe:

> *Der HERR schlug die Kuschiter vor Asa und vor Juda, sodass die Kuschiter flohen. Und Asa samt dem Volk, das bei ihm war, jagte ihnen nach bis nach Gerar. Und von den Kuschitern fielen so viele, dass sie sich nicht erholen konnten, sondern sie wurden zerschmettert vor dem HERRN und vor seiner Heerschar; und sie trugen sehr viel Beute davon. Und sie schlugen alle Städte um Gerar her; denn der Schrecken des HERRN kam über sie. Und sie plünderten alle Städte; es war nämlich viel Beute darin. Auch die Zeltlager der Hirten schlugen sie und führten viele Schafe und Kamele hinweg und kehrten wieder nach Jerusalem zurück. — 2. Chronik 14,11–14*

Das war das gewaltige Heer, auf das sich die Aussage in 2. Chronik 16,8 bezieht, das der Herr in Asas Hand gegeben hatte, als dieser Gott vertraute und ihn anrief:

Waren nicht die Kuschiter und Lubier ein gewaltiges Heer mit sehr vielen Streitwagen und Reitern? Dennoch gab sie der HERR in deine Hand, als du dich auf ihn verlassen hattest. Denn die Augen des HERRN durchstreifen die ganze Erde, um sich mächtig zu erweisen an denen, deren Herz ungeteilt auf ihn gerichtet ist. Du hast hierin töricht gehandelt; darum wirst du von nun an Krieg haben! — 2. Chronik 16,8–9

Verstehst du, wofür König Asa gerügt wurde? Zuvor, als der Feind ihm zahlenmäßig fast zwei zu eins überlegen war, hatte er sich auf Gott verlassen, und Gott rettete ihn. Dieses Mal, anstatt wieder auf Gott zu vertrauen und in den Kampf zu ziehen, nahm er die Schätze aus dem Tempel und dem Palast und sandte sie an den König von Syrien, um ihn für den Kampf gegen die Feinde Judas anzuheuern. Der Herr sagte zu Asa: »Ich hatte vor, die Israeliten in deine Hand zu geben, und die Syrer hättest du obendrein besiegt. Nun hast du jedoch einen Vertrag mit den Syrern geschlossen. Nicht nur, dass die Israeliten nun deiner Hand entkommen sind, sondern die Syrer noch dazu!« Gottes gesamter Plan für König Asa wurde dadurch vereitelt.

Manch einer denkt jetzt wahrscheinlich: *Nun ja, König Asa wurde schließlich angegriffen. Er tat einfach, was nötig war, um aus der Notlage herauszukommen.* Wir müssen jedoch verstehen, dass es nicht bloß darum geht, das richtige Ergebnis zu erzielen. Es kommt auch darauf an, wie man dort hingelangt. Es geht nicht nur um die Befriedigung deiner Bedürfnisse, sondern darum, ob du Gott vertraust! Stell dir selbst die Frage, ob du alles durch fleischliche Bemühungen, aus menschlicher Kraft erreicht hast. In Gottes Augen ist der Weg wichtiger als das Ziel.

Nach Gottes Fülle streben

Ohne sich dessen bewusst zu sein, gehen viele von uns Kompromisse ein. Sie versuchen, ihre Probleme zu lösen und ihr Leben zu meistern, und wählen dafür den Weg dieser Welt. Indem sie das tun, begrenzen sie, was Gott in ihrem Leben und durch sie bewirken kann.

Beachte die Reaktion von König Asa, als der Prophet Hanani ihm die Botschaft Gottes überbrachte:

> *Aber Asa wurde zornig über den Seher und warf ihn ins Gefängnis; denn er zürnte ihm deswegen. Asa unterdrückte auch etliche von dem Volk zu jener Zeit. — 2. Chronik 16,10*

Asa wurde zornig auf den Botschafter Gottes und wies damit sowohl diesen als auch Gottes Botschaft zurück.

Vielleicht missfällt dir manches von dem, was ich dir hier mitteile, aber du musst zulassen, dass der Herr dein Herz berührt. Gottes Augen suchen nach demjenigen, dessen Herz ihm ganz gehört. Er sucht nach Menschen, die sich vor ihm demütigen. Er will dich viel mehr segnen, als du selbst gesegnet werden willst. Du brauchst aber die gleiche Haltung wie Gideon: Du musst es satthaben, die Dinge sattzuhaben, und du darfst dich nicht mehr mit weniger als mit Gottes ganzer Fülle zufriedengeben. Es gibt Gründe, warum Gottes Segen sich in deinem Leben nicht stärker manifestiert, als es bisher der Fall ist, doch an keinem davon trägt Gott die Schuld. Die Wahrheit ist, dass es immer auf unser eigenes

Konto geht. Begehen wir also nicht den gleichen Fehler wie König Asa, sodass wir zornig auf den Botschafter werden. Amen? Wir wollen uns unter Gottes mächtige Hand demütigen und seine Botschaft an uns heute annehmen.

Bevor ich nun in die Details gehe, möchte ich vorausschicken, dass ich gegen niemanden etwas habe. Alles, wovon ich hier spreche, habe ich selbst schon getan. Wenn Gott jedoch über etwas Bestimmtes zu einem spricht, dann muss man reagieren.

Gnade fließt

Der Herr liebt dich, ganz gleich, an welchem Punkt du gerade stehst. Selbst wenn du nicht nach den Dingen Gottes strebst, liebt er dich. Falls einige der Dinge, die ich hier anspreche, auf dein Leben zutreffen, liebt er dich trotzdem. Seine Liebe ist bedingungslos und unveränderlich. Allerdings hängt deine Fähigkeit, seine Fülle für dein Leben zu empfangen, davon ab, wovon dein Leben gerade beherrscht wird. Es sollte nicht so sein, dass du nur gerade so über die Runden kommst und nur mit Mühe und Not den Kopf über Wasser halten kannst. Es besteht wahrhaftig ein Unterschied darin, wie Gott die Dinge angeht und wie es die Welt tut.

König Asa erreichte sein Ziel. Er schaffte es, den König von Israel am Bau der Stadt Rama zu hindern. Er konnte sich aus dieser Klemme befreien, aber eben nicht auf Gottes Art. Deshalb, wie wir in 2. Chronik 16,9 lesen, wurde er von da an ständig von Kriegen geplagt.

Unter dem alten Bund richtete Gott die Menschen und tat Dinge, die er unter dem neuen Bund nicht mehr tut. Unter dem neuen Bund hat er unsere gesamte Bestrafung Jesus auferlegt. Trotzdem zieht unser Handeln natürlich noch Konsequenzen nach sich. Auch wenn Gott uns nicht bestraft, so wird doch das, was er in unserem Leben zu tun vermag, behindert, wenn wir die Dinge nicht auf seine Art angehen. Wir ernten die Früchte unserer Entscheidungen.

Indem König Asa den einen Krieg gewann, kamen viele andere Kriege auf ihn zu, die Gott gar nicht beabsichtigt hatte. Wir erreichen vielleicht unsere Ziele, aber tun wir es auch auf Gottes Art und in seiner Kraft? Gott widersteht dem Stolzen, dem Demütigen aber gibt er Gnade. Gnade fließt denen zu, die sich auf Gott verlassen und sich ihm unterordnen.

KAPITEL 2

Vermeide Schulden

Der HERR wird dir den Himmel, seinen guten Schatz, auftun, um deinem Land Regen zu geben zu seiner Zeit, und um alle Werke deiner Hände zu segnen. Und du wirst vielen Völkern leihen; du aber wirst dir nichts ausleihen müssen.
— 5. Mose 28,12

Wusstest du, dass es zu Gottes Bestem für dich gehört, Geld verleihen zu können, nicht aber, es selbst borgen zu müssen? Der Durchschnittsamerikaner hat keine Scheu davor, sich zu verschulden. Trotzdem wundern wir uns, warum wir nicht gesegnet sind! Wenn du für ein Haus einen Kredit aufnimmst, zahlst du am Ende zusätzlich zur Nettokreditsumme noch mindestens fünfzig Prozent Zinsen und Nebenkosten drauf. Nehmen wir an, du kaufst ein Haus für 500.000 Dollar. Bis du es geschafft hast, den Hypothekenkredit abzuzahlen, wirst du eine Summe von gut und gerne 800.000 Dollar dafür gezahlt haben. Ist es dir gerade etwas mulmig geworden? Wenn du Schulden hast, bedeutet das nicht, dass Gott böse auf dich ist. Ich sage auch nicht, dass du damit sündigst. Aber der Durchschnittsamerikaner sieht Schuldenfreiheit nicht als etwas Gutes an. Er denkt, Schulden seien völlig okay, und diese Einstellung schränkt Gott ein. Eine solche Haltung verhindert, dass Gottes Fülle sich in unserem Leben manifestiert. Denn anstatt die Dinge auf Gottes Art und Weise anzupacken, was das Verleihen und Borgen betrifft, verschulden sich viele von uns einfach.

Viele Leute haben den Kreditrahmen ihrer Kreditkarten bis zum Anschlag ausgereizt. Doch auch wenn sie es schafften, alle offenen Forderungen zu begleichen, würden sie im Handumdrehen ihren freigewordenen Kreditrahmen nutzen, um ihren Lebensstandard weiter hochzuschrauben und sich noch mehr zu kaufen. Würden sie im Lotto gewinnen, gäben sie einfach nur noch mehr Geld aus, würden immer neues Zeug kaufen und schließlich in der gleichen Situation landen wie zuvor – oder sogar noch schlechter dastehen. Sie reizen immerzu die Grenzen aus. Wenn sie in einem Haus wohnten, das eine Million Dollar wert wäre, und im Lotto gewinnen würden, gingen sie sofort hin und kauften sich ein Haus für zehn Millionen Dollar oder eine Jacht und noch so manches andere. Statistiken belegen, dass Lottogewinner mit der Zeit wieder in den gleichen finanziellen Umständen enden wie vor dem Lottogewinn. Sie streben nicht nach Gottes Bestem!

Falls du dich hierdurch angesprochen fühlst, dann lass es mich noch einmal sagen: Es geht hier nicht um Verurteilung. Gott liebt dich, und ich liebe dich auch. Aber gerade darum sage ich dir die Wahrheit (Gal 4,16). Das gegenwärtige westliche System hat alles auf der Grundlage von Schulden verfügbar gemacht. Und solange es dir nichts ausmacht, mit Schulden zu leben, wirst du da niemals rauskommen. Solltest du in einer solchen Situation stecken, musst du dich deswegen aber nicht schlecht fühlen oder mutlos werden. Betrachte die Situation vielmehr so, wie sie ist, und vertrau auf Gott, dass er dich zu seiner Fülle hinleiten wird.

Eine Frage der Einstellung

Die meisten Geschäftsleute werden dir erzählen, dass es einen Unterscheid zwischen guten und schlechten Schulden gibt. Sie werden sagen, dass es nicht verkehrt ist, sich zu verschulden, wenn man dafür etwas erwirbt, das einen Wertzuwachs hat, zum Beispiel ein Haus, wenn man Investitionen tätigt, die entsprechende Renditen abwerfen, oder wenn man Sachwerte anschafft, mit denen man Einnahmen erzeugt. Wie dem auch sei, in Römer 13,8 lesen wir: »Seid niemand etwas schuldig, außer dass ihr einander liebt; denn wer den anderen liebt, hat das Gesetz erfüllt.«

Ich persönlich bin der Meinung, wenn Gottes Wort sagt: »Seid niemand etwas schuldig«, bringt dies ganz klar Gottes Bestes zum Ausdruck. Aber ich würde diese Ansicht nicht mit jemandem diskutieren, der die Auffassung vertritt, es sei okay, Schulden zu machen, solange das Erworbene eine Wertsteigerung verspricht. Worauf ich hier eigentlich hinauswill, ist der Punkt, dass es sich bei den Dingen, für die sich viele von uns verschulden, meist um solche handelt, die mit der Zeit an Wert verlieren. Wenn zum Beispiel jemand ein neues Auto für 40.000 Dollar kauft, ist es gleich ein paar Tausend Dollar weniger wert, sobald derjenige damit vom Hof des Autohauses gefahren ist. Es ist ein Gegenstand, der relativ rasch an Wert verliert; die Chance auf eine Wertsteigerung liegt nahe null. Bei den meisten Dingen, die wir kaufen, handelt es sich um solche mit Wertverlust behafteten Gegenstände. Viele von uns lassen sich dafür auf Schulden ein, und dann wundern sie sich, wenn sie nicht Gottes Bestes erleben.

Mit einer Schuldenmentalität wirst du niemals vorankommen. Du musst aus dieser destruktiven, begrenzenden Haltung herauskommen. Während du diese Zeilen liest, schaut Gott auf dein Herz. Er fragt dich: »Wie wirst du darauf reagieren?« Wirst du einfach weiter diesem Konsumwahn anhängen, bei dem es nur darum geht, möglichst viele Besitztümer anzuhäufen? Es gibt etwas Besseres: Gottes Fülle. Aber für die meisten Leute ist Gottes Fülle gar nicht erstrebenswert.

Mein Frau Jamie und ich kauften ein Haus und machten Schulden dafür. Wir nutzten den vergünstigten, staatlichen Kredit, der mir als US-Kriegsveteran zustand, und erwarben damit das Haus. Gott hat uns dafür nicht gehasst, und wir liebten Gott. Wir haben diesen Kredit aufgenommen und – lange Rede, kurzer Sinn – ihn innerhalb von fünfzehn Jahren abbezahlt. Vor mehr als fünfzehn Jahren wurden wir wieder schuldenfrei. Das ist also schon lange her.

Verpfändete Zukunft!

Jamie und ich kaufen unsere Autos immer gegen Barzahlung. Wenn man sich mit einem weniger teuren Auto mit vernünftiger Qualität zufriedengibt, anstatt einen superschicken Flitzer zu nehmen, kann man das dabei gesparte Geld aufs Bankkonto legen und die Ersparnisse weiter aufbauen. Nach vier Jahren könntest du das nächste Auto kaufen, ohne dafür einen Kredit aufnehmen und Geld für Kreditzinsen rauswerfen zu müssen. Wenn du bereit wärst, ein Auto zu fahren, das eben nicht das neueste Modell der Premiumklasse ist, könntest auch du anfangen, deine Autos bar zu bezahlen. Dann müsstest du für dein Auto nicht noch ein Drittel des Neupreises als Zinsen obendrauf zahlen.

Ich sehe diese Werbespots im Fernsehen, in denen Autofinanzierungen mit fünf oder sechs Jahren Laufzeit angepriesen werden. In dem Alter brauchen die meisten Autos dann aber schon kostspielige Reparaturen. Der Geruch des Neuwagens ist verflogen, die Macken nerven, erster Rost zeigt sich und vielleicht hat der Wagen auch schon einen Unfallschaden. Manche behalten ihr Auto noch nicht einmal so lange. Aber selbst wenn, machen sie damit Verluste, denn der Wert des Autos vermindert sich schneller als die

Restschuld. Trotzdem werden die Schulden weiter geschleppt, indem das nächste Auto auf Pump gekauft wird, und dann wundern sie sich, warum Gottes Fülle sich nicht in ihren Finanzen auswirkt. Damit dies geschehen kann, muss man erst ein Verlangen danach haben, Gottes Fülle zu erleben. Und das funktioniert nicht, wenn du nur dann zufrieden bist, wenn deine Bedürfnisse alle sofort befriedigt werden. Du magst vielleicht zeitweise Befriedigung erreichen, aber gleichzeitig verpfändest du deine Zukunft!

Genau das passiert gerade überall hier in Amerika und in der sonstigen westlichen Welt. Wir schaufeln uns unser eigenes Grab. Wir haben die Staatsverschuldungen so hoch getrieben, dass es zweifelhaft ist, ob wir oder unsere Kinder je in der Lage sein werden, sie zu tilgen. Es ist unrealistisch zu denken, dass wir Jahr für Jahr so weitermachen können und dass ein Staat im Ausland weiter munter Schulden machen kann, ohne dass sich das auf das Verhältnis zu diesen Ländern auswirkt. Früher oder später wird uns jemand den Geldhahn zudrehen. Irgendein Staat wird die Außenstände einfordern und dann wird alles zusammenbrechen. Weder Regierungen noch Privatpersonen können auf Dauer so leben. Früher oder später holen uns unsere Schulden ein. Jeder mit einer Schuldenmentalität ist Teil des Problems. Es ist falsch und wir streben damit nicht nach Gottes Bestem!

Die meisten Menschen halten Kredite für eine wunderbare Sache. Anstatt jahrelang auf ein schönes, neues Auto warten zu müssen, kann man es sofort haben! Womit die Kreditgeber aber nur am Rande herausrücken, ist der satte Aufpreis, den du aufgrund der verlangten Zinsen am Ende auf den tatsächlichen Gegenwert bezahlt haben wirst. Irgendwann wirst du finanziell in einem solchen Schlamassel stecken, dass du zwei oder drei Jobs brauchst, um das alles abzahlen zu können. Früher war es so, dass die Frau zu Hause bleiben konnte, um die Kinder aufzuziehen. Heutzutage müssen beide Ehepartner arbeiten gehen, weil sie in Häusern leben, Autos fahren und Dinge auf Kredit kaufen, die sie sich eigentlich gar nicht leisten können. Also geben sie ihre Kinder bei Fremden in Obhut und wundern sich dann, dass sich Probleme einstellen.

Ich will damit nicht sagen, dass du ein schlechter Mensch bist, wenn du dich gerade in einer solchen Lage befindest. Auch in unserem Dienst gab es Zeiten, in denen wir Schulden hatten. Vor einiger Zeit nahmen wir einen Kredit über 3,2 Millionen Dollar auf, um ein Gebäude in Colorado Springs zu kaufen. Obendrein musste das Gebäude für weitere 3,2 Millionen Dollar saniert werden, bevor es bezugsfertig war. Ich versuchte, für diese Arbeiten einen Baukredit aufzunehmen, dessen Bewilligung sich aber laufend verzögerte. Die Bank erzählte mir jede Woche aufs Neue, dass ich in der Woche darauf das Geld bekommen würde. Mehr als neun Monate später setzten wir uns zu einem Gespräch mit dem zuständigen Kreditsachbearbeiter zusammen und der sagte: »Nach so langer Zeit brauchen wir eine Neubewertung. Wir müssen den gesamten Kreditvergabeprozess noch einmal von vorne beginnen.« Ich hatte damals eher das Gefühl, dass wir erneut neun Monate lang ein »Nächste Woche …« zu hören bekämen.

»Zu spät«

Ich sagte zu dem Kreditsachbearbeiter: »Ich will lieber erst einmal darüber beten.« Ich hätte gleich zu Beginn darüber beten sollen, habe es aber nicht getan. Also nahm ich mir jetzt die Zeit und betete intensiv darüber in neuen Sprachen. Die Bibel sagt, beim Sprachengebet bete unser Geist (1Kor 14,14). Und sie sagt auch, dass wir um Auslegung bitten können. Das tat ich dann und Gott erinnerte mich an eine Prophetie, die ich zuvor erhalten hatte. Bei diesem prophetischen Wort ging es um die Erweiterung unseres Dienstes, und es besagte: »Du wirst für die Erweiterung keinen Kredit aufnehmen müssen, weil du selbst eine Bank hast.« Zu der Zeit, als mir dieses Wort zugesprochen wurde, dachte ich: *Was für eine Bank soll ich haben?* Der Bruder, der die Prophetie aussprach, fuhr fort: »Deine Partner sind deine Bank. Du wirst das alles schuldenfrei umsetzen können.« Als ich in Sprachen über die Verzögerung bei der Kreditaufnahme betete, erinnerte der Herr mich an diese spezielle Prophetie. Also traf ich die Entscheidung: Keine Schulden mehr!

Bei der Höhe unserer Spendeneingänge zu jener Zeit und unter Hinzuzählung unserer damaligen Rücklagen errechnete ich, dass es mehr als 100 Jahre dauern würde, bis wir 3,2 Millionen Dollar zusammenbekommen würden. Der Platzbedarf unserer Bibelschule war stark gestiegen, also musste schnell etwas geschehen. Der Dienst platzte damals aus allen Nähten. Wenn wir es nicht schnell schafften, dieses Gebäude zu kaufen und es zu richten, wären die Folgen katastrophal. Ich spürte aber, dass Gott zu mir sprach, also entschied ich mich für Gottes Bestes. Ich erklärte: »Selbst wenn mir die Bank morgen die gesamte beantragte Summe anbieten wird, werde ich sie nicht annehmen!« Und weißt du was? Schon am nächsten Tag suchte der Kreditsachbearbeiter mich auf und sagte: »Sie brauchen nicht 3,2 Millionen Dollar. Wir glauben, dass Sie 4 Millionen Dollar brauchen werden. Wir haben jetzt die Freigabe, Ihnen einen Kredit über 4 Millionen Dollar zu gewähren.« Ich sagte: »Zu spät«, und lehnte das Darlehen ab. Wir legten uns innerhalb des Dienstes darauf fest, dieses Projekt schuldenfrei umzusetzen. Innerhalb von gerade mal 14 Monaten kamen die benötigten 3,2 Millionen Dollar herein, und wir schlossen die Arbeiten am Gebäude schuldenfrei ab. Jesus gehört alle Ehre dafür!

Dann sagte mir der Herr, ich solle in Woodland Park, Colorado, einen Bibelschulcampus bauen, um dort so viele Leute wie möglich zu beherbergen und ihnen eine lebensverändernde Ausbildung anzubieten, damit sie anschließend die Welt erreichen könnten. Also haben wir in Woodland Park diese neue Liegenschaft errichtet, die wir *The Sanctuary* (das Heiligtum) nennen. Wir können jetzt schon sehen, wie ganze Nationen verändert werden! Die erste Bauphase hat 32 Millionen Dollar gekostet und umfasste den Kauf des Grundstücks, die Erschließung des Geländes, die Architektenhonorare sowie die Baukosten für das erste neue Gebäude – eine Einrichtung mit mehr als 6500 qm Fläche namens *The Barn* (die Scheune). Und all das wurde schuldenfrei verwirklicht. Halleluja!

Während ich diese Zeilen schreibe, ist der Bau des zweiten Gebäudes schon weit fortgeschritten. Wir planen auch den Bau eines dringend benötigten Parkhauses, das Platz für bis zu 1085 Autos bieten soll. Das zweite Gebäude, *The Auditorium*, ist doppelt so groß wie *The Barn*. Zu diesem Zeitpunkt haben wir bereits 27 Millionen Dollar in dieses Projekt investiert. Somit ist ungefähr die Hälfte geschafft, und wir planen, auch den Rest schuldenfrei abzuschließen.

Andrew Wommack Ministries beschäftigt in den Büros in Colorado Springs und Woodland Park derzeit mehr als 400 Mitarbeiter. Das Bibelschulgelände (*The Sanctuary*) umfasst knapp 64 Hektar Land und bietet einen wunderschönen, unverbaubaren Ausblick auf den Pikes Peak, einem über 4300 Meter hohen Berg der Rocky Mountains. Im Jahr 2016 wurden diese beiden Liegenschaften auf einen Vermögenswert von weit über 50 Millionen Dollar geschätzt. Natürlich könnten wir jetzt losziehen und auf dieser Vermögensbasis Kredite aufnehmen. Aber ich bin auf Gottes Bestes aus!

Es ist übernatürlich!

Ein Grund, warum Menschen nicht Gottes Fülle empfangen, ist die Tatsache, dass sie ganz gut ohne sie leben können. Die meisten Leute haben kein Problem damit, in Schulden zu leben. Sie haben sich daran gewöhnt und es ist für sie keine große Sache mehr.

Neulich sprach ich mit dem Bürgermeister von Woodland Park. Er bemerkte: »Schauen Sie sich das nur alles an! Schauen Sie, was Sie alles erreicht haben. Sie müssen ganz schön viel Geld haben!«

Ich antwortete: »Eigentlich habe ich gerade überhaupt kein Geld, Herr Bürgermeister, aber es kommt alles rein. Passen Sie nur auf; es wird alles da sein, wenn wir es brauchen.« Er war völlig verdutzt, dass wir ein Bauprojekt dieser Größenordnung durchführten, ohne ein paar Millionen Dollar auf dem Bankkonto zu haben. Ich habe das Geld derzeit nicht auf dem Konto, aber es wird da sein. Ich vertraue Gott. Ich glaube, dass die Augen des Herrn die ganze Erde durchstreifen, und er sagt: »Da ist Andrew. Er vertraut mir. Ich werde mich an ihm mächtig erweisen!« (2Chr 16,9). Infolgedessen habe ich bereits mehr als 60 Millionen Dollar in diese Gebäude investiert, ohne auch nur einen einzigen Dollar Schulden zu machen. All das haben wir zusätzlich zu den mehr als 1 Million Dollar geschafft, die wir allein jeden Monat brauchen, um unsere Rechnungen für die Fernseh- und Radio-Sendezeiten zu bezahlen. Im Augenblick können wir von etwa 3,2 Milliarden Menschen rund um die Welt gesehen bzw. gehört werden. All das kostet eine Menge Geld! Auch unsere Gehaltszahlungen machen monatlich mehr als eine Million Dollar aus. In letzter Zeit gehen allein in unserem Büro in Amerika täglich ungefähr 3000 Telefonanrufe ein! Wir haben derzeit fünfzehn AWM-Büros mit mehr als 120 Mitarbeitern weltweit. Zu all dem kommt noch hinzu, dass wir viel von unserem Lehrmaterial kostenlos hergeben. Rechne nur mal alles zusammen. Es ist übernatürlich!

Wenn du Gottes Fülle nicht empfängst, könnte es unter anderem daran liegen, dass du dich nicht wirklich danach sehnst. Du möchtest das Endergebnis, schuldenfrei zu sein, aber du bist nicht bereit, auf Gott zu vertrauen. Es ist viel zu viel Aufwand, sich auf Gott zu verlassen. Viel einfacher ist es, einen Kredit aufzunehmen. Es geht mir nicht darum, dich zu verletzen. Ich möchte lediglich dein Augenmerk auf etwas Besseres richten. Solange es dir nichts ausmacht, bis über beide Ohren verschuldet zu sein, wird dies auch so bleiben. Solange es für dich ganz normal ist, für alles das Anderthalb- oder gar Zweifache seines Wertes zu zahlen, wirst du nicht Gottes Bestes erleben. Denk mal darüber nach: Was könntest du dir von all dem Geld leisten, das du bisher allein für Zinsen ausgegeben hast?

Der richtige und der falsche Weg

Meine Frau und ich sind seit mehr als fünfzehn Jahren schuldenfrei. Man braucht nicht viel Geld fürs tägliche Leben, wenn man nicht alle möglichen Sachen abbezahlen muss. Wie viel Druck und Stress würdest du dir ersparen, wenn du schuldenfrei wärst? Deine Situation wäre ausgezeichnet, wenn du keine Zinsen zu zahlen hättest. Du wärst erstaunt, wie leicht und frei dein Leben sich anfühlen würde.

Wir behaupten, Gottes Fülle zu wollen. Aber wenn das stimmt, dann frage ich mich, warum wir trotzdem Dinge tun, die den Anweisungen Gottes zuwiderlaufen! Wenn wir wirklich Gottes Bestes empfangen wollen, müssen wir uns ihm auch unterordnen und dem Schuldenmachen widerstehen. Es gibt natürlich noch andere Bereiche, in denen sich diese Wahrheit anwenden lässt, aber dieser eine Bereich ist ein sehr wichtiger. Wir müssen lernen, der Verlockung der schnellen Bedürfnisbefriedigung zu widerstehen.

Die Kreditvermarktung folgt der klassischen Lockvogeltaktik. In der Fernsehwerbung heißt es: »Kaufen Sie jetzt und sparen Sie bares Geld!« Würdest du keine Schulden aufnehmen, könntest du noch viel mehr Geld sparen als bei solchen vermeintlichen Schnäppchen. Diese Leute wollen dich dazu verleiten, dich immer höher zu verschulden, während sie mit deinen Zinszahlungen haufenweise Geld scheffeln. Irgendwie schaffen sie es, dir zu suggerieren, dass die Aufnahme von Krediten gleichbedeutend mit Geld »sparen« sei. Du sparst damit überhaupt nichts. Die wollen dich bloß ausnehmen!

Vielleicht wohnst du in einem wirklich schönen Haus und fährst ein schickes Auto. Vielleicht besitzt du eine Menge netter Sachen, möglicherweise viel mehr als ich. Hast du das aber alles auf Gottes Weise erworben? Kannst du nachts noch ruhig schlafen? Oder lebst du unter der Last andauernden finanziellen Drucks? Es geht nicht nur um die Frage, ob man sich Dinge kaufen darf oder nicht. Es gibt einen richtigen und einen falschen Weg, zu Wohlstand zu kommen.

Asa gewann die Schlacht, wurde aber zurechtgewiesen, weil er dabei nicht gemäß Gottes Willen gehandelt hatte. Der Herr hatte etwas Besseres für ihn. Wenn Asa gehorsam gewesen wäre, hätte er nicht nur den König von Israel, sondern auch noch den König von Syrien besiegen können. Er wäre siegreich gewesen – und hätte dabei auch noch jede Menge Beute gemacht, statt die ihm zugedachten Vorteile und seinen Frieden einzubüßen (2Chr 16,1–10). Demütigen wir uns und widerstehen wir dem Schuldenmachen. Verlassen wir uns auf Gott und empfangen wir sein Bestes!

KAPITEL 3

Übernatürliche Gesundheit

Und siehe, die Geschichte Asas, die frühere und die spätere, ist aufgezeichnet im Buch der Könige von Juda und Israel. Und Asa wurde krank an seinen Füßen im neununddreißigsten Jahr seines Königreichs, und seine Krankheit war sehr schwer; doch suchte er auch in seiner Krankheit nicht den HERRN, sondern die Ärzte.
— 2. Chronik 16,11–12

Asa hielt es für wichtiger, die Ärzte aufzusuchen, anstatt den Herrn zu suchen. Viele von uns handeln heute genauso. In unserer Kultur haben wir dieses Denken verinnerlicht, dass wir im Krankheitsfall zuallererst einen Arzt aufsuchen müssen und uns dann auf Medikamente und chirurgische Eingriffe verlassen sollten. Wenn überhaupt, denken wir als Allerletztes daran, uns an Gott zu wenden. Viele Leute glauben, es mache keinen Unterschied, ob man sich an Gott wende oder zum Arzt gehe. Doch damit liegen sie falsch.

Habe ich etwas gegen Ärzte? Ganz und gar nicht. Ich habe ja auch nichts gegen Finanzleute. Es geht mir darum, dass wir uns nur dann auf sie verlassen sollten, wenn wir zuvor gebetet haben und Gott uns auf diesen Weg geführt hat. Die meisten Leute nehmen aber automatisch erst einmal alle menschlichen Mittel und Möglichkeiten in Anspruch und wenden sich *nur dann* an Gott, wenn alle anderen Möglichkeiten ausgeschöpft sind und die Situation außer Kontrolle gerät.

Asa suchte nicht den Herrn und verließ sich nicht auf dessen göttliche Macht und Kraft. Er konsultierte stattdessen Ärzte und verließ sich auf deren Kraft und Können. Gott hat diesen Umstand zu unserer Unterweisung in seinem Wort festgehalten (1Kor 10,12). Es zeigt sich, dass Asa die Dinge weiterhin aus eigener Kraft tat, anstatt sich auf Gott zu verlassen.

Mein Freund, du musst lernen, dich auch im Hinblick auf deine Gesundheit auf Gott zu verlassen.

Sie machen Fehler

Neulich suchte ein Schüler unseres Charis Bible College einen Arzt hier in Woodland Park auf und wies ihn offenbar zurecht. Der Arzt, der selbst ein Christ ist, suchte mich anschließend auf, um mit mir über diesen Vorfall zu sprechen. Es war nicht so, dass er beleidigt war und uns nun kritisieren wollte. Er sagte vielmehr: »Ich möchte gerne herausfinden, was Sie glauben.«

Wir setzen uns hin, um uns zu unterhalten, und dabei sagte ich ihm: »Ich habe nichts gegen Ärzte. Wenn es euch Ärzte nicht gäbe, wären die meisten Christen tot, weil sie Gott nicht geglaubt haben. Ich habe nichts gegen Sie oder Ihre Berufskollegen. Wogegen ich etwas habe, ist dieses gottgleiche Verhalten, das viele Ärzte an den Tag legen. Jemand kommt in eine Praxis und der Arzt erzählt diesem Patienten dann zum Beispiel, dass er Krebs oder etwas in der Art habe und dass er sterben werde. Wenn der Patient dann aber erwidert: ›Nein, ich glaube Gott‹, verspotten ihn manche Ärzte sogar noch und geben ihm das Gefühl, ein völliger Trottel zu sein, weil er versucht, an etwas zu glauben, das außerhalb des Menschenmöglichen liegt.«

Der Mann ergriff daraufhin das Wort und sagte: »O nein, das trifft auf mich nicht zu. Ich bin ein gläubiger Christ. Ich glaube, dass Gott heilen kann.«

Ich antwortete ihm: »Nun, das ist großartig für Sie. Trotzdem habe ich ein Problem mit Ärzten, die jemandem das Gefühl geben, nicht ganz klar im Kopf zu sein, nur weil er Gott im Hinblick auf seine Heilung vertraut.«

Zu meinem Vorstand gehört ein Arzt. Er ist ein gläubiger Mann, und wir haben über all diese Dinge miteinander gesprochen. Ich habe nichts gegen Ärzte, aber sie sind auch nur Menschen. Sie sind nicht Gott, und sie machen Fehler.

Geh zuerst zu Gott

Als ich neulich in England war, las ich einen Zeitungsartikel, in dem es hieß, dass die Einnahme zu vieler Vitamine und Nahrungsergänzungsmittel zu einem erhöhten Krebsrisiko führe. Damit soll natürlich nicht gesagt sein, dass wir das Obst und das Gemüse, das Gott uns zur Verfügung gestellt hat, nicht essen sollten. Es ging dabei vielmehr um Menschen, die Vitamine und Nahrungsergänzungsmittel im Übermaß zu sich nehmen. Heutzutage schlucken viele Leute einfach alles, was man ihnen aufdrängt. Sie nehmen eine Tablette zum Aufwachen und eine zum Einschlafen. Sie haben Tabletten für alles! Sie verlassen sich auf das Fleisch und wundern sich dann, wenn sie nicht Gottes Fülle empfangen.

Ich möchte das noch einmal klarstellen: Ich habe nichts gegen Ärzte. Ich glaube, dass Ärzte Krankheiten bekämpfen, aber eben nur mit menschlichen Möglichkeiten. Manches, was Ärzte tun, ist gut, manches ist schlecht. Ich hatte schon Gottesdienste, bei denen ich nacheinander für ein Dutzend Leute gebetet habe, und ihre

Gebetsanliegen drehten sich durchweg um Probleme, die durch Medikamente oder postoperative Komplikationen verursacht waren. Ärzte haben aus gutem Grund die weltweit teuersten Versicherungen gegen Kunstfehler. Dieser Arzt in meinem Vorstand, der ein persönlicher Freund von mir ist, operierte einmal einen Patienten und dabei wurden versehentlich drei OP-Schwämme in dessen Innerem vergessen. Der Patient wäre fast gestorben! Der Arzt musste den Patienten wieder aufschneiden und die Schwämme herausholen, weil sein Assistenzarzt nicht richtig gezählt hatte. Deshalb ist er aber kein furchtbarer Mensch – Menschen machen einfach Fehler. Ärzte machen Fehler, auch wenn die Leute immer meinen, Ärzte seien unfehlbar.

Wenn Gott noch so lange mit der Wiederkunft warten sollte, werden die Menschen in hundert Jahren auf unsere Zeit zurückblicken und über die Art und Weise, wie heute Krebs behandelt wird, den Kopf schütteln. Ärzte setzen Chemotherapie und Bestrahlungen ein, von denen die Patienten so krank werden, dass sie aufgedunsene Gesichter bekommen und ihnen die Haare ausfallen. In vielen Jahren werden die Leute zurückschauen und sagen: »Die Menschen des 21. Jahrhunderts waren dermaßen primitiv. Kaum zu glauben, dass die Leute sich solchen Behandlungsmethoden unterzogen haben. Das war doch absolut barbarisch!« Aber heutzutage sind diese Behandlungsmethoden topaktuell und alle setzen große Erwartungen in sie.

Ich habe nichts gegen Tierärzte, aber ich gehe mit meinem Hund nicht zum Tierarzt. Weißt du, warum? Weil ich keinen Hund habe. Ich habe auch nichts gegen Ärzte, aber ich gehe nicht zum Arzt. Weißt du warum? Weil ich nicht glaube, dass ich krank bin. Und selbst wenn ich mich krank fühle, weil irgendein Symptom mir weiszumachen versucht, dass ich krank bin, stelle ich mich auf Gottes Wort und glaube. Solltest du selbst noch nicht so weit sein, musst du keine Verurteilung fürchten (Röm 8,1). Sitz nicht da und stirb bei dem Versuch, jemand anderen nachzuahmen. Tue, was du tun musst, um gesund zu werden, aber zuallererst solltest du dich an Gott wenden.

Der abgebrochene Nagel

Asa wandte sich nicht an Gott. Er verließ sich vielmehr auf die Ärzte (2Chr 16,12). Mancher mag argumentieren: »Schon, aber die Ärzte damals haben ja auch nichts getaugt; unsere heutigen hingegen sind doch fantastisch!« Das mag ja vielleicht alles so sein, aber wir müssen den Dingen das richtige Gewicht geben.

Ich habe mal für einen Mann gebetet, der einen Stahlnagel in Beton einschlagen wollte. Der Nagel brach dabei ab, das abgebrochene Stück sprang zurück und blieb in seinem Auge stecken. Seine Kollegen brachten ihn mit dem aus dem Auge herausragenden Nagelstück zu mir nach Hause, damit ich für ihn beten würde. Ich betete, und der Schmerz verließ seinen Körper. Die Blutung stoppte und er war völlig schmerzfrei. Ich glaubte, dass Gott ihn geheilt hatte, sagte aber zu ihm: »Jemand muss Ihnen den Nagel aus dem Auge ziehen. Ich kann das machen, aber Sie wollen vielleicht, dass das jemand macht, der Ahnung davon hat.« Er antwortete: »Ich denke, ich gehe zum Arzt.« Ich sagte: »Ich glaube, das ist eine gute Idee.« Ich schlug dem Mann hier selbst vor, einen Arzt aufzusuchen. Ich habe nichts gegen Ärzte, aber beachte, dass wir zuerst gebetet hatten und sahen, dass das Wunder geschah. Wir erlebten die Macht Gottes und erst danach tat der Mann, was noch nötig war.

Willst du übernatürliche Gesundheit? Ich lebe nun seit über fünfzig Jahren in übernatürlicher Gesundheit. Während dieser ganzen Zeit war ich nur zwei Mal krank, und beide Male durch eigene Dummheit. Einmal hatte ich in einer Woche einundvierzig Mal gedient und in der Woche darauf vierzig Mal. Ich war so müde, dass ich buchstäblich ins Bett gekrochen bin. Dort blieb ich für vierundzwanzig Stunden, um mich zu erholen, und nach diesem Ruhetag fühlte ich mich wieder ziemlich fit. Also ging ich nach draußen und spaltete von Hand dreieinhalb Raummeter Holz. Das war zu viel und zu früh! Ich bekam eine Nasennebenhöhlenentzündung und lag drei Tage lang im Bett. Das Ganze ging aber einzig und allein auf meine eigene Unvernunft zurück. Ich werde nicht krank. Ich glaube nicht ans Kranksein.

Vielleicht denkst du jetzt: *Das kann ich so nicht glauben.* Dann glaubst du eben nicht an Gottes Fülle. Wenn es heißt, dass für irgendetwas gerade die Jahreszeit sei – für die Grippe, für Heuschnupfen oder Allergien –, dann nimmst du das einfach so an und leidest infolgedessen darunter. Du erwartest gar nicht, in göttlicher Gesundheit leben zu können, und dann wunderst du dich, warum du nicht Gottes Bestes empfängst. Es ist gar nicht dein Ziel! Was sagst du dazu – »Amen« oder »o Mann«?

Gib dich nicht so schnell zufrieden!

Vielleicht hat man dir erzählt, dass du Probleme am Herzen bekommen werdest, weil das in deinen Genen liege. Es wurde Millionen Mal über dich ausgesprochen, darum hast du es akzeptiert. Du sagst den Leuten: »Nun, ich bin jetzt über vierzig. Es ist nur eine Frage der Zeit …« Oder vielleicht sagst du: »Meine Sehkraft lässt jetzt langsam nach.« Warum akzeptierst du das? Gottes Wort sagt:

Und Mose war 120 Jahre alt, als er starb; seine Augen waren nicht schwach geworden, und seine Kraft war nicht gewichen. — 5. Mose 34,7

Und Mose war Teil eines unterlegenen Bundes (Hebr 8,6)! Was wir in Christus haben, ist besser als das, was Mose hatte. Doch wenn heute jemand im Glauben darauf vertraut, gute Sehkraft ohne Brille haben zu können, wird er als Fanatiker, Spinner oder Verrückter abgestempelt. Die Leute fragen: »Was ist denn mit dem los?« Dagegen stelle ich die Frage: »Was ist mit *dir* los? Du glaubst ja nicht einmal an Gottes Bestes. Du hast dich mit Minderwertigem abgefunden.« Ist Gott böse auf dich, weil du eine Brille trägst? Nein! Ich sage bloß, dass du nicht an Gottes Bestes glaubst. Du hast das Zweit-, Dritt- oder Viertbeste akzeptiert und gibst dich damit zufrieden. Solange du dich mit weniger zufriedengibst, wirst du auch nicht mehr bekommen.

Gottes Augen durchstreifen jetzt gerade die ganze Erde (2Chr 16,9). Er hält Ausschau nach jemandem, der ihm vertraut und im Glauben sein Bestes erwartet: göttliche Gesundheit. Warum solltest das nicht du sein? Wenn du dich dafür entscheidest, an Gottes Fülle zu glauben, sprich dieses Gebet und mach es dir zur Gewohnheit: »*Gott, du brauchst nicht weiter zu suchen. Ich will deine ganze Fülle. Ich will nicht das Zweitbeste. Ich will nicht gerade so über die Runden kommen. Herr, ich will aufblühen!*« Wenn du es dir zum Ziel machst, nach den Sternen zu greifen, dann ist das mehr, als die meisten Menschen je erreicht haben, selbst wenn du dein Ziel verfehlst und stattdessen »nur« den Mond triffst.

Die meisten Leute zielen auf gar nichts, und sie treffen es jedes Mal! Verurteile ich irgendjemanden, der zum Arzt geht? Nein, absolut nicht. Ich sage nur, dass das nicht Gottes Bestes für dich ist; es gibt etwas Besseres. Wenn du noch nicht in seiner Fülle lebst, fühle dich nicht verurteilt. Ziehe deinen Nutzen aus dem, was die Ärzte tun können, aber gib dich nicht damit zufrieden! Bleib nicht dabei stehen. Strecke dich nach Gottes Fülle aus!

KAPITEL 4

Gottes Art von Liebe

Wenn es um Liebe geht, werden wir von der Welt belogen. Die meisten Menschen geben sich mit Begierde zufrieden, anstatt sich für Liebe zu entscheiden.

In 1. Korinther 13 wird uns Gottes Art von Liebe als »langmütig und gütig« offenbart (Vers 4). Für die meisten Christen ist dies jedoch noch nicht einmal ein Ziel, dem sie entgegenstreben. Sie sagen: »In unserer Familie nehmen wir kein Blatt vor den Mund. Wir sagen, was wir denken.« Oder sie benutzen Ausreden wie diese: »Ich habe nun mal diese unverblümte, ungeduldige Art an mir« oder »Das kommt von meiner prophetischen Gabe«. Sie haben eine Million Ausreden parat, warum sie nicht geduldig und gütig seien.

Nun, davon kannst du befreit werden! Wenn du dein Leben von Gottes Art von Liebe bestimmen lässt, wirst du geduldig und gütig sein – du wirst nicht länger negativ, wütend oder verbittert bleiben.

»[Gottes] Liebe beneidet nicht« (1Kor 13,4). Bist du neidisch auf andere? Möchtest du haben, was sie haben?

Die Liebe »prahlt nicht, sie bläht sich nicht auf« (1Kor 13,4). Liebe ist nicht ichbezogen oder egozentrisch. Wenn du in Gesellschaft eines Menschen bist, der damit angibt, was er schon alles getan habe, verspürst du dann den Drang, dich selbst auch wichtig zu machen, damit du im Vergleich zu ihm gut dastehst und die Leute merken, dass auch du jemand Besonderes bist? Das ist nicht Gottes Art von Liebe.

»Ich bin der/die Beste!«

Unsere heutige Gesellschaft setzt Sportler, Musiker und Filmstars auf die Titelseiten der Magazine. Wir schauen zu ihnen auf und machen solche Leute zu Idolen, obwohl viele von ihnen maßlos arrogant sind. Ich erinnere mich an einen Boxer aus den 1960er Jahren, der von sich behauptete: »Ich bin der Größte!« Damals hat niemand so geredet. Die Leute behaupteten so etwas nicht von sich; aber dieser Typ tat es, und das öffnete die Türen für so viele andere, die es ihm gleichtaten. Heutzutage denkt jeder von sich, er sei der Größte. Manche prahlen öffentlich damit, der oder die Beste zu sein, oder machen andere überhebliche Aussagen. Das ist nicht Gottes Art von Liebe.

Viele von uns haben sich diese Einstellung ebenfalls zu eigen gemacht und beweihräuchern sich selbst. Wir halten uns an die Aussage dieses Verses: »Wer nun aber sein eigenes Lob nicht singet, dessen Lob wird auch von keines anderen Menschen Mund erschallen« (Das Buch der Meinungen 5,11). Ich mache nur Spaß – das steht so natürlich nicht in der Bibel. Sprüche 27,1–2 sagt vielmehr:

> *Rühme dich nicht des morgigen Tages, denn du weißt nicht, was ein einziger Tag bringen kann. Ein anderer soll dich rühmen, nicht dein eigener Mund.*

Gottes Art von Liebe ist selbstbeherrscht und verhält sich korrekt. Sie »ist nicht unanständig« (1Kor 13,5). Wenn jemand sagt: »Wir sind doch so ineinander verliebt. Warum abwarten, bis wir verheiratet sind? Komm, lass uns miteinander schlafen, schließlich lieben wir uns doch so sehr«, dann ist das nicht Gottes Art von Liebe. Das ist Begierde. Wenn ein Paar sich nicht kontrollieren kann, spiegelt es nicht Gottes Art zu lieben wider (Gal 5,22–23).

Dennoch sehen wir uns Filme an und hören Lieder, die aussagen: »Ich liebe dich so sehr; ich kann meine Augen nicht von dir wenden. Ich muss dich jetzt sofort haben!« Davon wird mir schlecht. Das ist Begierde, nicht Liebe!

Gott zeigte seine Liebe durch Christus am Kreuz (Röm 5,8). Liebe opfert sich auf, und nimmt auf sich selbst keine Rücksicht. Wenn jemand einen Menschen missbraucht, verletzt und ausnutzt, ist das nicht von Liebe motiviert, sondern geschieht aus purer Begierde. Gottes Art von Liebe benimmt sich nicht unanständig.

Sie versagt niemals

Liebe »sucht nicht das Ihre« (1Kor 13,5). Viele Menschen heutzutage sind egoistisch und selbstbezogen. Ich habe mal jemanden sagen hören, dass das heutige Amerika keine Gesellschaft mehr sei, sondern nur noch aus Individuen bestehe. Individuen haben dieses Land übernommen, und es geht nur noch um die Rechte des Einzelnen. Es gibt keine Gesellschaft mehr, in der wir mit anderen auskommen und kooperieren. Jetzt geht es nur noch um »meine Rechte«. Das ist nicht Gottes Art von Liebe. Wir haben uns die Liebe nicht einmal als Ziel gesetzt!

Ich schätze, das meiste von dem, womit wir uns hier gemeinsam befassen, ist als Lehre vollkommen neu für dich. Oder falls du es schon einmal gehört hast, hast du es vielleicht abgelehnt und gedacht: *Wenn ich mich nicht um mich selbst kümmere, wer dann? Ich muss mich selbst an die erste Stelle setzen.* Und gleichzeitig wunderst du dich, warum du nicht Gottes Fülle empfängst. Du widerstehst Gott und ordnest dich dem Fleisch unter. Eigentlich sollte es genau umgekehrt sein: Ordnet euch Gott unter und widersteht der Welt, dem Fleisch und dem Teufel (siehe Jak 4,7).

[Gottes Liebe] lässt sich nicht erbittern, sie rechnet das Böse nicht zu; sie freut sich nicht an der Ungerechtigkeit, sie freut sich aber an der Wahrheit; sie erträgt alles, sie glaubt alles, sie hofft alles, sie erduldet alles. Die Liebe hört niemals auf.
— 1. Korinther 13,5–8

Gottes Art von Liebe versagt nie. Und doch gibt es heute Menschen, die sagen: »Ich habe so viel ertragen, wie ich ertragen konnte. Ich verkrafte das nicht mehr. Ich glaube nicht, dass alles noch gut ausgeht. Ich habe meine Hoffnung verloren. Ich halte das nicht mehr aus.« Damit geben sie aber einfach nur zu, dass sie nicht in der Liebe Gottes handeln. Seine Liebe, die in und durch uns fließt, kann alles ertragen, alles glauben, alles hoffen und alles aushalten. Gottes Art von Liebe versagt nie.

Die wenigsten von uns haben sich jemals zum Ziel gesetzt, in Gottes Art von Liebe leben zu wollen. Wir entschuldigen uns und denken: *Ich bin doch auch nur ein Mensch*. Du bist nicht nur ein Mensch! Ein Drittel von dir ist völlig vom Heiligen Geist erfüllt. Du kannst anfangen, aus der Kraft Gottes zu leben. Du musst nicht leben wie ein gewöhnlicher Mensch. Das ist fantastisch!

KAPITEL 5

Bis zum Tod?

Der unbedingte Wunsch nach Sicherheit hält uns oft davon ab, das Beste von Gott zu empfangen. Wir wollen keine Risiken eingehen. Wir gehen viel zu sehr auf Nummer sicher.

> *Es waren aber vier aussätzige Männer am Eingang des Tores, und einer sprach zum anderen: Weshalb bleiben wir hier, bis wir sterben? Wenn wir sprächen: Wir wollen in die Stadt gehen, wo doch Hungersnot in der Stadt herrscht, so müssten wir dort sterben; bleiben wir aber hier, so müssen wir auch sterben! So kommt nun, wir wollen zum Heer der Aramäer überlaufen! Lassen sie uns leben, so leben wir, töten sie uns, so sind wir tot! — 2. Könige 7,3–4*

Die Syrer hatten Israel besiegt. Die Hungersnot nahm in der Stadt solche Ausmaße an, dass die Israeliten zu horrenden Preisen den Mist von Tieren verkauften und Leute sogar ihre eigenen Kinder aßen (2Kön 6,24–29).

Die vier Aussätzigen besprachen ihre Situation am Stadttor. Sie sagten: »Lasst uns zu unseren Feinden gehen und sie um Hilfe bitten. Im schlimmsten Fall töten sie uns. Wenn wir hier sitzenbleiben, werden wir sterben. Gehen wir in die Stadt, verhungern wir auch dort. Uns bleibt als Chance nur noch, zum Feind überzulaufen. Wenn sie uns töten, so sterben wir eben. Wenn sie uns aber helfen, werden wir überleben. Auf geht's!«

Und sie machten sich in der Dämmerung auf, um in das Lager der Aramäer zu gehen. Als sie nun an den Rand des Lagers der Aramäer kamen, siehe, da war kein Mensch da! Denn der Herr hatte das Heer der Aramäer ein Getöse von Streitwagen hören lassen, auch ein Getümmel von Pferden und ein Geschrei einer großen Heeresmacht, sodass sie untereinander sprachen: Siehe, der König von Israel hat die Könige der Hetiter und die Könige der Ägypter gegen uns angeworben, damit sie uns überfallen sollen! Und sie machten sich auf und flohen in der Dämmerung und ließen ihre Zelte zurück und ihre Pferde und ihre Esel, das Lager, wie es stand, und flohen, um ihr Leben zu retten. Als nun jene Aussätzigen an den Rand des Lagers kamen, gingen sie in ein Zelt und aßen und tranken; und sie nahmen Silber, Gold und Kleider daraus mit und gingen hin und verbargen es. Und sie kamen wieder und gingen in ein anderes Zelt und plünderten es aus, gingen fort und verbargen es.
— 2. Könige 7,5–8

Von Verlierern zu Helden

Aber einer sprach zum anderen: Wir handeln nicht recht. Dieser Tag ist ein Tag guter Botschaft; wenn wir schweigen und warten, bis es heller Morgen wird, so wird uns Strafe treffen. So kommt nun, wir wollen gehen und es dem Haus des Königs melden! Und sie kamen und riefen dem Torhüter der Stadt und verkündeten es ihnen und sprachen: Wir sind zum Lager der Aramäer gekommen, und siehe, es ist niemand da, und man hört auch keinen Menschen, sondern nur Pferde und Esel; die sind angebunden, und die Zelte, wie sie waren! Und er rief die Torhüter, und man berichtete es drinnen im Haus des Königs. — 2. Könige 7,9–11

Der Herr sorgte dafür, dass die Syrer Geräusche hörten. Daraufhin bekamen sie solche Angst, dass sie flohen. Sie ließen ihr in den Töpfen vor sich hin köchelndes Essen zurück und in ihren Zelten auch all ihr Gold und Silber und ihre feinen Gewänder. Ihr Vieh – sowohl Pferde als auch Esel – stand noch angebunden da. Die Syrer waren in so großer Eile, nur noch zu entkommen, dass es ihnen nicht einmal in den Sinn kam, aufzusatteln und davonzureiten. Als die Aussätzigen beim syrischen Zeltlager ankamen, bot sich ihnen ein Anblick des Überflusses. Hunderttausende von Syrern waren geflohen und hatten ihr ganzes Hab und Gut zurückgelassen.

Die vier Aussätzigen begannen zu essen und zu trinken. Sie gingen in eines der Zelte und nahmen so viel mit, wie sie nur tragen konnten. Dann versteckten sie ihre Beute und kehrten zurück, um noch mehr zu holen. Da wurde ihnen bewusst: »Wir handeln nicht richtig. Das ist ein Tag der Freude. Wir müssen zurück in die Stadt zu den hungernden Menschen gehen und ihnen erzählen, was geschehen ist!« Also kehrten sie zurück und gaben Bescheid. Diese vier Aussätzigen wurden innerhalb von Stunden von Verlierern zu Helden, weil sie bereit gewesen waren, ein Risiko einzugehen. Sie hatten sich gefragt: »Wie lange noch sollen wir hier einfach sitzen bleiben? Bis wir sterben?«

Vielleicht bist du mit deiner jetzigen Situation nicht zufrieden, aber trotzdem unternimmst du nichts, weil du Angst hast, dass etwas schiefgehen könnte. Du musst verstehen, dass es niemals zu einer Veränderung kommen wird, wenn du nicht bereit bist, Risiken einzugehen.

Ich selbst gehe derzeit hohe Risiken ein. Das vorhin erwähnte 60-Millionen-Dollar-Bauvorhaben ist nur die Spitze des Eisbergs.

Der Herr hat mir aufgetragen, einen Bibelschulcampus zu errichten, der auch Studentenunterkünfte, Freizeiteinrichtungen und anderes mehr umfasst. Wir werden Hunderte Millionen Dollar dafür ausgeben, die ich derzeit noch gar nicht habe. Ich gehe ein Risiko ein. Es wäre einfacher, sich zurückzuziehen. Zum heutigen Zeitpunkt gibt es weltweit etwa 6000 Teilnehmer, die in unseren verschiedenen Charis Bible Colleges, durch unsere Korrespondenzkurse und mithilfe unserer Online-Fernstudienprogramme ausgebildet werden. Wir haben Einfluss auf Nationen! Es gab schon Treffen mit Präsidenten und Präsidentenpaaren aus verschiedenen Ländern. Wir sehen Wunder geschehen. Ich erlebe einige der großartigsten Dinge, die ich in Bezug auf Öffentlichkeitsarbeit und sozialem Engagement je gesehen habe. Ich könnte an diesem Punkt einfach stehenbleiben und nicht mehr weitergehen. Ich könnte auf Sicherheit bauen, aber Gott hat mir eine größere Vision gegeben.

Wie lange noch willst du einfach sitzen bleiben?

Mein Glaube und meine Erwartung sind größer, als sie es jemals waren. Es ist riskant. Manche Leute denken: *Nun, du könntest scheitern.* Nun, das könnte ich vielleicht. Was soll's? Ich glaube, selbst wenn ich scheitere, wird Gott mich ansehen und sagen: »Wenigstens hast du es versucht.«

Erinnerst du dich daran, wie deine Kinder Fahrrad fahren gelernt haben? Sie haben nicht alles von Anfang an richtig gemacht. Anfänger machen Fehler und fallen einige Mal hin. Sie steigen auf und eiern ein paar Meter vorwärts, dann fallen sie hin und schürfen sich die Knie auf. Aber welche Eltern würden nach einem Sturz zu ihrem Kind hingehen und sagen: »Du Schwächling! Hättest du getan, was ich dir gesagt habe, wäre das nicht passiert. Du bist ein

Versager!«? So würdest du nicht mit deinen Kindern reden. Du würdest eher sagen: »Hey, du hast fünf Meter geschafft. Siehst du, es geht doch! Nun steh auf und versuch es noch einmal.« Auf diese Weise steht uns Gott bei.

Gott ermutigt uns. Ja, bei einigen könnte es bei dem Versuch bleiben, Gott zu vertrauen. Aber wenn sie dann vor dem Herrn stehen, wird er zu ihnen sagen: »Das ist mein Kind. Du hast mir geglaubt. Du hast vor deiner Heimkehr zwar nicht die Fülle dessen erfahren, was ich für dich bereitgehalten habe, aber du hast geglaubt!«

Bist du die Art von Person, die niemals versagt hat, weil sie niemals etwas gewagt hat? So kann jeder leben. Dein unerretteter Nachbar kann so leben, weil diese Art von Leben keinen Glauben erfordert. Ich sage das nicht, um dich zu verurteilen; ich versuche bloß, dich aufzurütteln. Wie lange noch willst du einfach sitzen bleiben? Bis du stirbst? Die Zeit läuft. Du bist vielleicht kein junger Hüpfer mehr und vielleicht schon weiter als auf halbem Weg nach Hause. Was hast du erreicht? Was soll sich ändern? Wie können die Dinge in Zukunft anders laufen? Du musst aufstehen und dich in Bewegung setzen!

Es ist verrückt, immer wieder das Gleiche zu tun und dabei andere Ergebnisse zu erwarten. Betest du für andere Ergebnisse? Hoffst du darauf, dass sich alles ändert, hast jedoch nicht den Mut, etwas anders zu machen? Vielleicht schätzt du Sicherheit so sehr, dass du kein Risiko eingehen willst. Du wärst lieber in Sicherheit und unglücklich als einer Veränderung ausgesetzt. Du wärst lieber ein Sklave in Ägypten geblieben, der gut zu essen hat, als Gott durch die Einöde ins gelobte Land zu folgen. Nimmst du die Rolle eines Beobachters ein, traust dich jedoch nicht weiter nach vorne, weil du vielleicht einige Riesen bekämpfen müsstest? Steh auf und nimm dein Land ein!

Der Herr sprach zu mir am 31. Januar 2002 und erklärte mir, dass ich ihn durch mein kleines Denken in seinem Handeln begrenzte. Die Ausstrahlung unserer Sendung im Fernsehen hatte zwei Jahre zuvor begonnen und die Ausmaße unseres Dienstes hatten sich von Januar 2000 bis Januar 2002 verdoppelt. Ich dachte, das sei schon ziemlich gut, aber dann sprach der Herr zu mir über die Grenzen, die ich ihm setzte. Mehr darüber kannst du in meinem Buch mit dem Titel *Begrenze Gott nicht* nachlesen, aber der springende Punkt ist, dass ich beschloss, Gott nicht länger auf solche Weise zu begrenzen. Ich fing an, anders – nämlich größer – zu denken. Im Laufe der nachfolgenden vierzehn Jahre ist unser Dienst mindestens um das Zwanzigfache gewachsen. Alles hat sich völlig verändert. Ich lebe am Rande des Abgrunds – jedes Mal, wenn es so aussieht, als hätten wir festen Boden unter den Füßen und kämen gut über die Runden, weitet Gott meine Vision aus und ich lehne mich wieder ein Stück weiter über die Klippe. Amen!

ALLES aufgebraucht

Das ist für meine Mitarbeiter und für meine Familie manchmal eine echte Herausforderung. Einmal waren Jamie und ich in der Gemeinde und hörten eine Predigt, in der es darum ging, uns selbst einen Ruck zu geben und Gott zu glauben. Der Pastor sagte: »Wenn du eine größere Vision willst, dann steh auf und ich werde für dich beten.« Meine Frau legte ihre Hand auf mein Knie, beugte sich zu mir herüber und sagte: »Wage es ja nicht, aufzustehen! Das, was wir uns im Glauben erwarten, ist jetzt schon groß genug.« Diese Art zu leben mag einigen Leuten Angst einjagen, aber ich lasse mich nicht davon abbringen.

Wenn ich sterbe, soll kein Tropfen Lebenskraft mehr in mir sein. Ich will meine gesamten Ressourcen für Gottes Reich geben – ich will ALLES dafür aufgebraucht haben. Ich will nicht vor dem Herrn stehen und mir anhören müssen: »Ich habe dich gebeten, dieses und jenes zu tun, aber du hast es nicht getan, weil du befürchtet hast, es würde nicht funktionieren.« Ich würde lieber mit dem Herrn aufs Ganze gehen und dabei riskieren, auf die Nase zu fallen, als überhaupt nichts zu tun und das mit Erfolg.

Ich denke, das lässt dich aufhorchen. Bevor du Gottes Fülle empfangen kannst, musst du verstehen, dass Gottes Augen gerade jetzt auf dein Herz schauen. Ist es ihm voll und ganz zugewandt oder will es einfach so leben wie alle anderen? Hast du hohe Ziele im Visier, oder schießt du bloß ins Leere und triffst jedes Mal? Begrenzen verschiedene Ängste und zu kleines Denken das, was Gott in deinem Leben bewirken kann? Hast du dich nicht nach Gottes Bestem, nach seiner Fülle ausgestreckt?

Der erste Schritt, um Gottes Bestes für dich zu empfangen, besteht darin, dich nicht mehr mit weniger als dem Besten zufrieden zu geben. Du musst die Messlatte höher legen, aber nicht durch Schuldzuweisung und Verurteilung. Sag also nicht: »O Gott, ich bin ein schrecklicher Mensch, weil ich nicht bereit war, einen Glaubensschritt zu machen.« Nein, der Herr liebt dich so, wie du bist. Aber er liebt dich so sehr, dass er es nicht bei deinem jetzigen Stand belassen will. Er will dich auf ein höheres Niveau bringen. Gottes Absicht ist es, dass du auf sein Bestes vertraust, aber es wird sich nicht zufällig bei dir einstellen. Du musst Gottes Bestes als dein Ziel festlegen und es als solches verfolgen.

Genau wie jene Aussätzigen musst du dich selber aufrütteln und sagen: »Wie lange will ich hier noch sitzen bleiben? Bis ich sterbe?« Wie lange wird es bei dir nur beim Wunschdenken bleiben, ohne einen Schritt des Glaubens folgen zu lassen? Du musst etwas tun. Du musst dich aufrütteln, oder du wirst wieder im Trott versinken.

Erwarte Größeres im Glauben

Ich weiß, dass es angenehmere Aussagen gibt. Vielleicht hast du diese Art von Botschaft nicht erwartet; vielleicht gefällt sie dir noch nicht einmal. Aber ich versuche dich anzuspornen, das Richtige zu tun und den Glaubensschritt zu machen, den Gott dir zeigt.

Damit du überhaupt lernen kannst, wie man Gottes Fülle empfängt, musst du erst einmal deine Erwartungshaltung ändern. Du musst deine Zielsetzung ändern und anfangen, nach etwas Größerem Ausschau zu halten. Lass dich nicht verurteilen und tu auch nichts Dummes, bleib aber auch nicht tatenlos sitzen. Sage: »Gott, ich will deine Fülle, dein Bestes. Ich will alles erreichen, was du für mich bereithältst!« Wir dienen einem großen Gott! Er denkt *in großem Stil*. Es gibt auf der Welt keinen einzigen Menschen, der schon alles ergriffen hätte, was der Herr für ihn hat. Es spielt keine Rolle, wie weit du schon gegangen bist, wie sehr du geglaubt hast oder wie viel du schon empfangen hast – Gott hat noch mehr für dich! Er ist gewaltig. Er ist übernatürlich!

Wenn dein Leben nicht übernatürlich ist, dann ist es oberflächlich. Wenn jemand dich sieht und sagt: »Wie ist dir das denn gelungen?«, und du kannst erklären, wie es *dir* gelungen ist, dann lebst du noch nicht aus Gottes Kraft. Wenn du mit Stolz auf alles zeigen kannst, was *du* geschafft hast, lebst du nicht in Gott. Er wird dich über dich selbst hinaus bringen. Er wird dich um etwas bitten, das größer ist als du selbst, sodass du dich auf ihn verlassen musst. Die einzige Antwort, die du dann noch geben kannst, wird folgende sein: »Das bin nicht ich, sondern der Herr. Er war es. Nur der Segen Gottes konnte diese Dinge so hervorbringen.«

Die meisten Christen nutzen ihr Potential nicht gerade gut. Ihr Glaube richtet sich auf keine großen Dinge. Sie wollen nur diese kleine Hürde überwinden, damit sie sich wieder dem Fernsehprogramm oder sonstiger Ablenkung widmen können. Ich sage dir, das Leben hat mehr zu bieten. Du solltest für etwas leben, das größer ist als du. Du solltest für etwas leben, für das es sich zu sterben lohnt. Wenn du morgens aufwachst, solltest du voller Begeisterung sein. Es gibt mehr zu tun, als in einer Lebenszeit zu schaffen ist. Jeder Tag sollte aufregend sein, weil du so sehr damit beschäftigt bist, dich im Glauben auszustrecken und das zu erfüllen, was Gott für dich geplant hat.

Für mich ist es, als säße ich festgeschnallt in einer Achterbahn und hoffte, die Fahrt zu überleben. Ich habe nicht die Kontrolle. Gott trägt mir bestimmte Dinge auf und ich sage darauf: »Okay, dann los!« Spannender geht's nicht!

Falls dein Leben nicht aufregend ist, hast du dich schon einmal gefragt, warum? Weil Gott dir bei dem, was du tust, keine Zufriedenheit, Freude und keinen Frieden schenken kann, wenn du für Größeres geschaffen bist! Er will deine Vision aufblühen und dich aufblicken lassen. Bist du bereit, im Glauben etwas zu erwarten, das größer ist als das, was du jetzt lebst?

KAPITEL 6

Bereits gesegnet

Gepriesen sei der Gott und Vater unseres Herrn Jesus Christus, der uns gesegnet hat mit jedem geistlichen Segen in den himmlischen Regionen in Christus. — Epheser 1,3

Beachte, wie diese Bibelstelle formuliert ist: »der uns gesegnet *hat* [Vergangenheitsform]«. Es ist bereits abgeschlossen. Gott hat dich bereits gesegnet. In seiner Gnade hat er bereits für alles gesorgt, was du jemals benötigen wirst. Diese lebensverändernde Wahrheit wird ausführlich in meinen Büchern mit den Titeln *Du hast schon alles, was du brauchst!* und *Leben im Gleichgewicht von Gnade und Glaube* behandelt.

Wenn du Heilung brauchst, muss Gott nicht erst für Heilung sorgen. Der Herr wusste, dass du Heilung brauchen würdest, und hat sie bereits zur Verfügung gestellt. Du musst nicht beten und Gott bitten, dich zu heilen. Du musst nur lernen, wie du die Heilung empfängst, die bereits zur Verfügung steht. Das ist eine gewaltige Wahrheit!

Du fragst dich vielleicht: *Worin liegt der Unterschied?* Es gibt einen großen Unterschied. Wenn du denkst, du müsstest Gott dazu bewegen, etwas zu tun, was er noch nicht getan hat, schwingt ein gewisser Zweifel mit, weil du nicht weißt, ob er zu deinen Gunsten handeln wird oder nicht. Aber wie könntest du Gottes Bereitschaft in Frage stellen, wenn es dabei um etwas geht, das er bereits *getan hat*? Wenn er es aus Gnade bereits verfügbar gemacht hat (und in

Christus hat er das getan), dann musst du nur noch glauben und es durch Glauben empfangen.

Weißt du, es gibt Leute, die sagen: »Oh, ich glaube, dass Gott mich heilen will.« Das hört sich gut an. Aber eigentlich ist es Unglaube. In der Bibel heißt es: »Durch dessen Striemen ihr *geheilt worden seid*!« (1Petr 2,24 ELB). Laut dieser Schriftstelle liegt deine Heilung also nicht in der Zukunft, sondern deine Heilung fand in der Vergangenheit statt. Jesus Christus hat, als er am Kreuz hing, deine Krankheiten an seinem eigenen Leib getragen. Gott traf vor 2000 Jahren Vorsorge für deine Heilung. Zu dem Zeitpunkt hat er dich bereits geheilt. Darum steht in diesem Vers, dass du geheilt *wurdest*. Gott muss nicht für Heilung sorgen. Du musst nur lernen, wie man empfängt, was bereits zur Verfügung steht.

Der Unterschied zwischen »Kann tun« und »Hat getan«

Es ist viel einfacher, etwas freizusetzen, das man bereits hat, als etwas zu bekommen, das man noch nicht hat. Das ist eine grundlegende Umstellung der Denkweise! Wir beschäftigen uns nur damit, wie wir Gottes Bestes *empfangen* – und nicht damit, wie wir Gott *überreden* können, uns sein Bestes zu geben. In Christus hat Gott das nämlich bereits getan!

Schauen wir uns das Gebet des Apostels Paulus an:

> *Darum lasse auch ich, nachdem ich von eurem Glauben an den Herrn Jesus und von eurer Liebe zu allen Heiligen gehört habe, nicht ab, für euch zu danken und in meinen Gebeten an euch zu gedenken, dass der Gott unseres Herrn Jesus Christus, der Vater der Herrlichkeit, euch den Geist*

der Weisheit und Offenbarung gebe in der Erkenntnis seiner selbst. — Epheser 1,15–17

Er betete nicht: »O Gott, bitte tu was!« Ich bin in den letzten fünfzig Jahren an alle möglichen Orte gereist, um dort zu dienen, und habe in dieser Zeit Hunderte, vielleicht sogar Tausende Gemeinden besucht. Ich habe erlebt, wie Menschen Gott immer wieder um irgendwelche Dinge gebeten und angebettelt haben. Ein typisches Gebet klang etwa so: »O Gott, bitte tu was. O Herr, gieße deine Kraft aus!«

Wenn du heute ein Gebet für zukünftige Gläubige in 2000 Jahren festhalten solltest, wie würdest du beten? Welche Art von Gebet würdest du aufzeichnen? Lass mich raten. Es klänge etwa so: »O Gott, bring uns Erweckung. Berühre diese Menschen. Gieße deinen Geist aus und wirke mächtig!« Oder: »O Herr, schaffe etwas Neues. Strecke deine Hand aus und lass etwas völlig Neues entstehen!«

Und so lesen wir heute, 2000 Jahre später, das Gebet von Paulus. Schauen wir uns an, zu welcher Art von Gebet der Heilige Geist ihn inspirierte: »Gott, öffne ihnen die Augen für das, was du bereits getan hast.« Wow! Das ist etwas völlig anderes als das, was sich die meisten Christen heute so vorstellen. Die Mehrheit der Christen glaubt, dass Gott zwar alles *tun kann*, aber nichts *getan hat*. Sie denken, sein Wirken hänge voll und ganz von unserem Beten, Bitten und Betteln ab. Es herrscht die Vorstellung, dass Gott vielleicht eingreifen werde, wenn wir nur alles richtig machten.

Gott hat alles im Voraus bedacht

Gott hat jedes Problem vorausbedacht, das du oder irgendein anderer Mensch auf diesem Planeten jemals haben würde. Durch Christi Tod, Grablegung und Auferstehung hat er jedes nur erdenkliche Problem bewältigt – in Vergangenheit, Gegenwart und Zukunft. Es wurde für alles gesorgt. Der Herr sitzt jetzt zur Rechten des Vaters. Jesus ist nicht damit beschäftigt, Leute zu heilen, zu retten und freizusetzen; das hat er bereits getan. Seine Kraft wurde bereits freigesetzt. Jetzt liegt es an dir, das Bereitgestellte zu empfangen, indem du daran glaubst, und nicht an irgendetwas, was Gott tun »kann«. Wenn ich diese Wahrheit während einer Veranstaltung ausspreche, ernte ich normalerweise von mindestens der Hälfte der Zuhörer einen Blick, der an ein im Scheinwerferlicht erstarrtes Reh erinnert. Vielleicht solltest du das hier Gesagte noch einmal lesen, diesmal etwas langsamer und unter Gebet. Heiliger Geist, bitte schenke meinen lieben Leserfreunden Offenbarungswissen über diese Wahrheit.

> *Er erleuchte die Augen eures Herzens, damit ihr wisst, was die Hoffnung seiner Berufung … ist … — Epheser 1,18–19* ELB

Es geht hier nicht um deine Berufung, sondern um Jesu Berufung. Jesus ist bereits berufen worden und hat schon für alles Vorsorge getroffen. Er hat am Kreuz den Preis für alles gezahlt und besitzt nun Gottes Gunst. Wir schwimmen lediglich auf seiner Erfolgswelle mit. Als wiedergeborene Gläubige haben wir die Gunst Gottes dank dem, was Jesus getan hat, und nicht aufgrund dessen, was wir tun. Es geht um seine Berufung, seine Salbung, seine Kraft und seinen Segen, der auf unserem Leben liegt.

Paulus betete, dass die Augen unseres Verständnisses geöffnet würden, damit wir sehen und verstehen könnten, »was die Hoffnung seiner Berufung und was der Reichtum der Herrlichkeit seines Erbes in den Heiligen ist« (Eph 1,18). Gottes Herrlichkeit weilt nicht irgendwo da oben im Himmel. Viele Christen stellen sich vor, wie herrlich es sein wird, wenn wir endlich im Himmel sind. Ist dir aber klar, dass es den Himmel in den Ruin treiben würde, wenn das, was wir jetzt schon in uns tragen, ersetzt werden müsste? Der Reichtum der Herrlichkeit seines Erbes ist in uns. Die Herrlichkeit Gottes ist in uns!

Wie ein Jo-Jo

Einige Leute wollen eine »Wolke der Herrlichkeit« sehen. Schau mal nach innen! Wenn du sie nicht sehen kannst, dann deshalb, weil du im Schauen wandelst und nicht im Glauben (2Kor 5,7). Die Wahrheit ist, dass du die Herrlichkeit Gottes in dir trägst.

Du bist dazu berufen, »die Herrlichkeit unseres Herrn Jesus Christus zu erlangen« (2Thess 2,14). Das ist nichts, was erst im Himmel geschehen wird. Im Himmel wirst du mit einem Körper ausgestattet werden, der Gottes Herrlichkeit widerspiegelt. Aber schon hier und jetzt hast du die Herrlichkeit Gottes in deinem Inneren. Paulus betete, dass sich deine Augen für das öffnen würden, was du bereits hast (Eph 1,18)!

Was auch die überwältigende Größe seiner Kraftwirkung an uns ist, die wir glauben, gemäß der Wirksamkeit der Macht seiner Stärke. Die hat er wirksam werden lassen in dem Christus, als er ihn aus den Toten auferweckte und ihn zu seiner Rechten setzte in den himmlischen Regionen, hoch über jedes Fürstentum und jede Gewalt, Macht und Herrschaft und jeden Namen, der genannt wird, nicht allein in dieser Weltzeit, sondern auch in der zukünftigen; und er hat alles seinen Füßen unterworfen und ihn als Haupt über alles der Gemeinde gegeben, die sein Leib ist, die Fülle dessen, der alles in allen erfüllt. — Epheser 1,19–23

Paulus betete, dass du die überwältigende Größe von Gottes Kraftwirkung sehen würdest, die *»an uns ist, die wir glauben«* – dieselbe Kraft, die Gott gebrauchte, um Christus von den Toten aufzuerwecken. Die Kraft, die nötig war, um Jesus von den Toten aufzuerwecken, ist größer als deine Wehwehchen, größer als deine Erkältung und größer als deine finanziellen, ehelichen oder emotionalen Probleme. *Er* ist größer! Dennoch glauben die meisten Christen, dass Gott zwar Kraft besitze, aber nicht, dass er sie auch benutzt habe. Sie denken, sie müssten ihn anflehen und irgendwie dazu bringen, seine Kraft freizusetzen. Epheser 1,19–20 jedoch verdeutlicht, dass du bereits dieselbe Kraft in dir hast, die Jesus Christus von den Toten auferweckt hat.

Der einzige Grund, warum sich viele von uns mit einem mittelmäßigen Leben abfinden, ist ihr fehlender Glaube daran, dass Gott bereits alles vollbracht hat. Sie glauben auf die eine oder andere Weise, dass die gesamte Herrlichkeit und der Segen Gottes unserem Leben im Himmel vorbehalten sei, wohingegen wir in diesem Leben einfach dranzubleiben und uns durchzukämpfen hätten. Krankheit und Armut gehörten dazu und es gehe hoch und runter wie bei einem Jo-Jo. Religion verbreitet die Lehre, dass wir mit Gott zwar Berge überwinden könnten, aber dass es die Talfahrten seien, in denen wir wachsen. Solche Leute denken, dass dieses ewige Auf und Ab normal ist.

Beständig

Johannes der Täufer nahm Bezug auf Jesajas Prophetie, indem er verkündete: »Jedes Tal soll ausgefüllt und jeder Berg und Hügel erniedrigt werden, und das Krumme soll gerade und die holprigen Wege eben werden« (Lk 3,5; siehe auch Jes 40,4). Wir sollten also zunehmend in ruhiges Fahrtwasser kommen. Wir sollten beständig sein.

Am häufigsten werde ich mit dem Satz vorgestellt: »Er ist in echt genauso, wie man ihn im Fernsehen sieht.« Ich habe mir dabei immer gedacht: *Was ist das denn für eine Vorrede*? Also fragte ich einige Leute, was sie damit meinten. Man erklärte mir, dass viele Leute vor einer Gruppe auftreten und siegessicher predigen könnten, privat dann aber ganz anders seien. Das sollte nicht so sein! Man sollte vor Publikum nicht zu einem anderen Menschen werden. Wenn du normalerweise ein sehr ruhiger Mensch bist und dann, wenn du am Rednerpult stehst, plötzlich abgehst wie eine Rakete, gibst du vor, jemand zu sein, der du nicht bist. Das ist Heuchelei.

Erinnerst du dich an R. W. Schambach? Falls du ihn nicht kennst: Er war ein US-amerikanischer Fernsehprediger und ist inzwischen beim Herrn. Doch einst hatte ich die Ehre, gemeinsam mit ihm zu dienen. Er predigte sehr lebhaft – er schrie und brüllte und anderes mehr. Hinterher fuhren wir in seinem Jaguar-Cabrio zum Eisessen. Und weißt du was? Er verhielt sich beim Fahren genauso wie beim Predigen. Er predigte sogar den Gästen an den Nachbartischen, während wir in der Eisdiele saßen und aus unseren Eisbechern löffelten.

Es ist nichts verkehrt daran, ein auffallendes Wesen zu haben, wenn das dein wahres Ich ist. Vielleicht hast du eine andere Persönlichkeit als ich, bist vielleicht lebhafter und ausdrucksstärker.

Das ist in Ordnung. Wir brauchen Vielfalt im Leib Christi. Wenn du aber privat eine schüchterne Person bist und hinterm Rednerpult regelrecht ausbrichst, dann bist du ein Heuchler. Du bist religiös.

Bei uns sollte es nicht solche Schwankungen geben. Es sollte sich Beständigkeit zeigen. Wir sollten rund um die Uhr gleichbleibend sein. Wenn wir den Weg gemeinsam mit Jesus gehen, ist er »derselbe gestern und heute und auch in Ewigkeit« (Hebr 13,8). Wenn es uns einmal gut geht und ein anderes Mal schlecht, liegt es daran, dass wir einmal Jesus vertrauen und ein anderes Mal nach dem Fleisch wandeln. Wir sollten auf übernatürliche Weise natürlich sein. Dieselbe Kraft, die Christus von den Toten auferweckt hat, ist zu jeder Zeit in uns (Eph 1,19–20). Diese Tatsache unterliegt keinen Schwankungen.

Wir wissen es nicht

Du musst herausfinden, wer du bist und was du in Christus hast. Die meisten Christen leben nicht so, als hätten sie dieselbe Kraft, die Jesus von den Toten auferweckt hat, in ihrem Inneren, weil sie diese nicht spüren können. Wenn sie in den Spiegel blicken, sieht es für sie nicht so aus, als hätten sie diese Kraft, die Jesus von den Toten auferweckte. Ihnen läuft kein Schauer über den Rücken. Sie fühlen nichts. Und da sie es nicht fühlen können, glauben sie nicht, dass Gott etwas getan habe.

Aber die Wahrheit ist, dass Paulus darum betete, dass unsere Augen geöffnet würden, sodass wir sehen könnten, dass wir bereits dieselbe Kraft haben, die Christus von den Toten auferweckt hat. Wir beten nicht für ihren Erhalt – wir haben sie bereits empfangen (Eph 1,19–20)!

Gott will uns mit seinem Besten segnen. In Christus hat er alles bereitgestellt, was wir jemals benötigen könnten. Es liegt nicht an Gott, sondern an uns, ob wir darin leben oder nicht. Aber wir haben uns mit weniger als Gottes Fülle zufriedengegeben. Wir wissen nicht, wer wir im Geist sind, und wir verstehen unsere Identität in Christus nicht. Ich bin nicht bloß menschlich. Ich bin nicht nur ein Mensch. Ein Drittel von mir ist Heiliger Geist pur. Ich sollte erwarten, dass ich andere Dinge erlebe als eine Person, die Gott nicht kennt.

Wenn man einen Durchschnittschristen mit einem Ungläubigen vergleicht, stellt man schnell fest, dass beide die gleichen Ängste, die gleichen finanziellen Probleme und die gleichen Schwierigkeiten haben. Sogar schon bevor die weltweite Finanzkrise von 2008 ihr volles Ausmaß erreichte und noch bevor die Auswirkungen überhaupt sichtbar wurden, machten sich viele Christen auf finanzielle Ausfälle gefasst. Sie fingen an, Probleme zu erwarten und vorwegzunehmen. Sie verhielten sich genauso wie Menschen, die Gott nicht kennen und auch nicht folgendes Bündnis haben: »Mein Gott aber wird allen euren Mangel ausfüllen nach seinem Reichtum in Herrlichkeit in Christus Jesus« (Phil 4,19). Das sollte nicht so sein. Ich sage das nicht, um dich zu verurteilen. Ich versuche, dir die Augen zu öffnen und dir zu helfen, Glauben für Größeres zu entwickeln.

Hast du die gleichen Ängste wie jemand, der Gott nicht kennt? Wenn es heißt: »Die Grippewelle rollt an«, bekommst du dann Angst? Falls dem so ist, dann stimmt etwas nicht mit diesem Bild. Du bist lebendig; sie sind (geistlich) tot. In dir steckt dieselbe Kraft, die Jesus von den Toten auferweckt hat (Eph 1,19–20). Dennoch lebst du in vielerlei Hinsicht wie eine Person, die den Herrn nicht kennt. Das ist falsch. Der Grund ist aber nicht, dass Gott nicht gegeben hätte. Es liegt vielmehr daran, dass du nicht weißt, was du hast.

Fang an, ihn zu preisen!

Wir sitzen da und flehen Gott an, etwas zu tun, das er bereits getan hat. Wie soll er darauf reagieren? Nehmen wir an, ich hätte dir meine Bibel gegeben und sie läge in diesem Moment vor dir auf dem Tisch. Wenn du mich nun fragen würdest: »Andrew, bitte gib mir deine Bibel. Würdest du sie mir bitte geben, damit ich sie mir mal anschauen kann?«, wie sähe deiner Meinung nach meine Reaktion aus? Wie antwortest du jemandem, der dich bittet, etwas zu tun, das du bereits getan hast? Ich habe dir bereits meine Bibel gegeben. Sie liegt genau dort vor dir auf dem Tisch. Ich würde dich wahrscheinlich ansehen, als hättest du nicht alle Tassen im Schrank. Ich würde mich fragen: *Was stimmt mit dir nicht? Wieso bittest du mich, dir etwas zu geben, das du bereits hast?* Das ähnelt wahrscheinlich jener Reaktion, die du bekommst, wenn du betest.

Du betest: »O Gott, bitte heile mich.« Wenn Gott verwirrt sein könnte, wäre er es vermutlich jetzt. Ich kann mir geradezu vorstellen, wie er Jesus anschaut und sagt: »Hast du ihnen etwa nicht gesagt, dass sie durch deine Wunden geheilt sind (1Petr 2,24)? Warum bitten sie mich, dass ich sie heilen soll? Hast du ihnen nicht gesagt, dass sie mit jedem geistlichen Segen gesegnet sind (Eph 1,3), dass du deswegen arm wurdest, damit sie durch deine Armut reich würden (2Kor 8,9)? Hast du ihnen nicht gesagt, dass ich all ihren Mangel nach meinem Reichtum in Herrlichkeit ausfüllen werde – und nicht nach der Wirtschaftslage ihres Landes (Phil 4,19)? Das hast du ihnen doch gesagt. Wieso verfallen sie in Panik angesichts dieser ›Finanzkrise‹? Warum sind sie beunruhigt, ängstlich und besorgt?« – Weil wir nicht glauben, dass Gott bereits alles vollbracht hat. Wir denken, es liege an Gott, uns etwas zu geben, und nicht an uns, das bereits Gegebene zu empfangen. Und ich sage dir:

Was hier nicht funktioniert, sind unsere »Empfänger«, nicht Gottes »Sender«.

Würde beim Fernsehen plötzlich dein Bildschirm schwarz werden, dann sähest du wohl zuerst nach, ob jemand den Stecker gezogen hat. Als Nächstes würdest du eine Fehlersuche an deinem Fernsehgerät durchführen. Du würdest nicht auf Anhieb beim Sender anrufen und fragen: »Warum habt ihr den Sendebetrieb eingestellt?« Aber genau so gehen wir mit Gott um. Wenn wir beten und etwas nicht sofort empfangen, denken wir: *Herr, warum hast du es nicht gegeben?* Es ist nie so, dass Gott nicht gibt; wir haben nur aufgehört, zu empfangen. Etwas stimmt mit unseren Empfängern nicht – Gottes Sender ist völlig in Ordnung. Er hat uns bereits mit jedem geistlichen Segen gesegnet (Eph 1,3). Er hat ihn bereits zu uns ausgesendet. Wir müssen eben unseren Empfänger darauf abstimmen und beten: »O Herr, hilf mir zu sehen und zu verstehen, was du bereits getan hast!«

Der Glaube daran, dass Gott seinen Teil bereits getan hat, macht 90 Prozent des Kampfes aus; dann gibt es noch gewisse Dinge, die wir tun müssen. Wir müssen aufhören, Gott infrage zu stellen, und stattdessen glauben und beten: »Ich weiß, dass du es bereits vollbracht hast. Wenn die Antwort nicht erkennbar wird, dann ist es nicht dein Fehler. Du hast bereits Vorsorge getroffen. Danke, Herr!« Dann müssen wir Gott im Glauben preisen und sagen: »Ich weiß nicht, warum ich es nicht sehen kann. Aber ich weiß, dass es nicht an dir liegt. Ich will dich einfach dafür preisen, dass du so treu bist. Selbst wenn ich krank bin und der Arzt sagt, dass ich sterben werde, ist es nicht deine Schuld. Du hast mir das nicht angetan. Danke, dass du ein guter Gott bist!« Bete ihn an und danke ihm, und deine Angst und Sorge und auch alles Jammern und Beschweren werden sich auflösen. Hör auf zu murren und Gott infrage zu stellen und beginne, ihn zu preisen. Ich habe schon oft miterlebt, wie Leute ihre Heilung empfingen, indem sie sich durch Danksagung und Lobpreis offensiv vor Augen führten, was der Herr bereits vollbracht hat. Das kannst du auch!

KAPITEL 7

Fleischlich

Oft denken wir: *Nun habe ich gebetet, aber wie es aussieht, ist nichts passiert.* In Johannes 4,24 steht: »Gott ist Geist, und die ihn anbeten, müssen ihn im Geist und in der Wahrheit anbeten.« Gott wirkt im geistlichen Bereich, bevor sich die Dinge im physischen Bereich manifestieren; dahinter steht ein Prozess. Gebet ist ein Prozess. Es gibt einen Prozess von dem Moment an, in dem Gott handelt und befiehlt. Es gibt Dinge, die geschehen müssen, und manchmal braucht das seine Zeit.

Denk nur an Daniel 9 und 10. In Kapitel 9 sprach Gott und es dauerte etwa drei Minuten, bis die Antwort – mit Gabriel als ihrem Überbringer – sich zeigte (Dan 9,20–23). Dann, in Kapitel 10, sprach Gott und es dauerte drei Wochen, bis Daniel die Antwort erhielt (Dan 10,12–14). In beiden Fällen war nicht Gott die Variable. Eine dämonische Gewalt stand Gottes Kraft beim zweiten Mal entgegen, sodass es drei Wochen dauerte, bis das vom Herrn Befohlene zur Erfüllung kam.

Wenn du betest, kann zwischen deinem »Amen« und dem Sichtbarwerden der Antwort eine gewisse Zeitspanne liegen. Aber das ist nicht Gottes Schuld. Dämonische Gewalten oder dein Zweifel könnten für eine Verzögerung der Antwort sorgen. Mitunter spielen auch noch andere Personen eine Rolle, weil sie Teil der Antwort auf das Gebet sind. Manchmal braucht es einfach Zeit, bis die Antwort sichtbar wird.

Es gibt auch keinen Dienst, der sich von jetzt auf nachher voll entwickelt. Du kannst nicht einfach sagen: »Nun, Andrew vertraut Gott, und es läuft ganz gut für ihn. Also wird es, im Namen Jesu, bei mir auch funktionieren.« Du hast vielleicht dem Herrn nicht in der Weise gedient, wie ich es in den vergangenen mehr als fünfzig Jahren getan habe. In Markus 4,28 steht:

Denn die Erde trägt von selbst Frucht, zuerst den Halm, danach die Ähre, dann den vollen Weizen in der Ähre.

Wenn es um die Dinge des Herrn geht, gibt es einen Wachstumsprozess. Es braucht Zeit, zu wachsen und zu sehen, wie Dinge zustande kommen. Manche Leute ignorieren das einfach. Sie beten, und wenn sie nicht sofort Ergebnisse sehen, denken sie, dass Gott auf ihr Gebet nicht geantwortet habe. Als Folge stellt sich bei ihnen Unglaube ein.

Glaube, dass du empfängst

Du musst an den Punkt gelangen, dass du tust, was in Markus 11,24 steht:

Alles, was ihr auch immer im Gebet erbittet, glaubt, dass ihr es empfangt, so wird es euch zuteilwerden!

Du musst glauben, dass du es beim Gebet empfängst. Dann *wird* (Zukunftsform) es dir zuteilwerden. Aber beachte, dass du im Gebet, also *während* du betest, glauben musst, dass du empfängst. Wie kannst du glauben, dass du etwas empfängst, wenn du es nicht sehen, schmecken oder fühlen kannst? Wenn du zum

Beispiel körperliche Schmerzen hast, sagst du vielleicht: »Gott, ich bete und glaube, dass ich geheilt bin.« Dann beendest du dein Gebet mit einem »Amen«, spürst aber immer noch die Schmerzen. Die meisten Leute werden in einem solchen Moment denken: *Aha, Gott hat gar nichts getan.* Weil sie es nicht verstehen. Gott ist Geist. Er bewegt sich im geistlichen Bereich. Es laufen gewisse Dinge im geistlichen Bereich ab, und es kann eine kurze Zeit dauern, bis sich diese im oder am Körper einer Person bemerkbar machen.

Jesus verfluchte einen Feigenbaum, indem er sprach: »Es esse in Ewigkeit niemand mehr eine Frucht von dir!« (Mk 11,14). Hätte sich jemand den Feigenbaum sofort näher angesehen, hätte nichts darauf hingedeutet, dass sich etwas an ihm verändert hatte. Aber am nächsten Tag, als Jesus und seine Jünger auf dem Weg nach Jerusalem waren, sahen die Jünger, dass der Feigenbaum »von den Wurzeln an verdorrt war« (Mk 11,20). Die Wurzeln waren unter der Erde; man konnte sie nicht sehen. Es dauerte ungefähr vierundzwanzig Stunden, bis sich das vom Herrn Gesprochene im physischen Bereich zeigte – und Jesus wirkte in vollkommener Weise in der Kraft Gottes! Er war durch nichts eingeschränkt und er hatte auch keine hinderlichen Probleme. Laut Matthäus' Schilderung dieses Vorfalls verdorrte der Feigenbaum auf der Stelle (Mt 21,19), aber das, wie Markus in Einzelheiten berichtet, war erst am nächsten Tag erkennbar. Es geschah sofort etwas, aber unter der Erde, wo es nicht zu sehen war. Es dauerte etwa vierundzwanzig Stunden, bis das, was sich im geistlichen Bereich ereignet hatte, sichtbar wurde.

Was wäre passiert, wenn Jesus wie wir gewesen wäre und gedacht hätte: *Jetzt habe ich diesen Feigenbaum verflucht und er sieht immer noch gesund aus und seine Blätter sind trotzdem noch grün*? Wenn er in Unglauben verfallen wäre, hätte das Gottes Kraft blockiert. Doch selbstverständlich verfiel Jesus nicht in Unglauben. Er sprach und wusste, dass seine Worte wirksam waren, auch wenn es nicht danach aussah. Es dauerte nur eine kurze Zeitspanne, bis das, was unter der Oberfläche verborgen begonnen hatte, sich auch im sichtbaren Teil des Baumes zeigte.

Genauso musst du glauben, dass du im selben Moment empfängst, wenn du betest, und dass Gott deinen Körper berührt hat. Erkläre im Glauben: »Ich bin geheilt im Namen Jesu.« Egal, ob du noch Schmerzen hast, ob es dir besser geht und du dich wohler fühlst, oder was auch immer – du glaubst und sagst: »Ich habe *jetzt* Heilung empfangen und sie wird sichtbar, weil ich sie habe. Das steht fest!«

Das Gegenteil von Leben

Die meisten Leute sind das, was die Bibel »fleischlich« nennt. Oft denkt man, fleischlich zu sein bedeute, dass man gottlos, dämonisch und furchtbar sei. Für gewöhnlich verbindet man mit diesem Begriff etwas sehr Böses, aber im Grunde bedeutet er nur, dass jemand aus dem Fleisch – aus dem Natürlichen – lebt oder von seinen natürlichen Sinnen beherrscht wird. Das Wort »Fleisch« entspricht in seiner adjektivierten Form »fleischlich« dem englischen Wort »carnal«. Das wiederum leitet sich vom lateinischen *carne* ab. Wir kennen dieses Wort zum Beispiel aus *chili con carne* – Chili mit Fleisch. Nach *Strong's Concordance* hat »carnal« diese Bedeutung: »Fleisch (dem die Haut abgezogen wurde)«. Es geht bei »fleischlich« also nicht um unsere Haut, das Äußerliche, sondern um das Fleisch, den natürliche Teil von uns.

Ein fleischlich gesinnter Mensch ist – geistlich gesehen – nicht schlauer als eben ein totes Stück Fleisch. Er lässt sich nur von seinen fünf Sinnen leiten. Er orientiert sich an dem, was er sieht, schmeckt, hört, riecht und fühlt. Mit »fleischlich« ist also nicht grundsätzlich etwas ganz Schlimmes wie zum Beispiel ein lästerlicher Gottesverächter gemeint. Jemand könnte den Herrn von ganzem Herzen lieben und trotzdem fleischlich gesinnt sein, wenn er von seinen physischen Sinnen beherrscht wird und einfach nicht glauben kann, dass etwas existiert, das er weder sehen noch schmecken, hören, riechen oder fühlen kann. Das bedeutet fleischlich gesinnt sein.

Denn das Trachten des Fleisches ist Tod, das Trachten des Geistes aber Leben und Frieden. — Römer 8,6

Eine fleischliche Gesinnung ist gleichbedeutend mit Tod. Es ist nicht so, dass sie lediglich dem Tod zustrebt oder einfach die häufigste Ursache für den Tod ist. Und sie wirkt auch nicht bloß in manchen Menschen den Tod. Fleischlich gesinnt zu sein *ist* Tod – das Gegenteil von Leben.

Ich muss bei der Ausbringung des Saatguts in deinem Garten nicht dabei sein, um zu wissen, was du gesät hast. Lass mich einfach dort sein, wenn etwas aufkeimt. Dann sehe ich, was du gesät hast, weil deine Saat aufwächst und Früchte trägt.

Ich kenne nicht jeden Menschen persönlich und weiß auch nicht von jedem, was er getan hat. Wenn aber Leute zu mir kommen und all die negativen Dinge aufzählen, die in ihrem Leben wachsen, dann kann ich sagen, was sie ganz sicher *nicht* getan haben. Sie haben nicht erkannt, wer sie in Christus sind. Sie haben ihre Autorität nicht ergriffen. Sie glauben nicht, dass alles bereits vollbracht ist. Sie flehen Gott aus Verzweiflung an: »Handle doch bitte«, glauben aber nicht, dass er sie bereits mit Kraft ausgestattet hat. Sie bleiben nicht standhaft und widerstehen dem Teufel nicht!

Was du gesät hast

So unterwerft euch nun Gott! Widersteht dem Teufel, so flieht er von euch. — Jakobus 4,7

Wenn du vom Teufel beherrscht und kontrolliert wirst, hast du ihm nicht widerstanden. Du magst dagegen einwenden: »O nein, ich hasse den Teufel und will ihn loswerden.« Ich behaupte nicht, dass du nicht darum gefleht und gebettelt und dir etwas anderes ersehnt hättest. Aber das Wort *widerstehen* bedeutet, aktiv gegen etwas anzukämpfen. Du hast deine Autorität in Christus nicht ergriffen und nicht in der Kraft und im Namen des Herrn gegen Satan gekämpft. Vielleicht hast du um Hilfe gebettelt; vielleicht gibst du eine klägliche Figur ab und sehnst dich nach Hilfe. Du hast aber nicht deine Autorität ergriffen. Du weißt nicht, wer du bist. Du hast nicht Bezug auf Epheser 1,19–20 genommen und gesagt: »In mir lebt dieselbe Kraft, die Jesus Christus von den Toten auferweckt hat, und ich erlaube dieser Krankheit nicht, in meinem Körper zu bleiben.«

Menschen kommen zu Hunderten zu mir und erzählen mir davon, wie bemitleidenswert ihre Situation doch sei. Sie versuchen, an meine Barmherzigkeit zu appellieren, weil sie denken, dass ich mich ihnen dadurch mehr zugewandt fühle. Es zeigt mir jedoch nur, was sie in ihr Leben gesät haben. Wenn du mir erzählst, wie schlimm deine Krankheit sei, anstatt mir zu sagen, wie großartig Gott ist und wie viel größer und mächtiger er ist als diese Krankheit, offenbarst du mir damit bloß, was du in dein Leben gesät hast.

Es gibt einen Grund, warum Satan uns behindert. Es liegt nicht daran, dass Gott uns nicht seine Fülle geben will. Gottes Augen durchstreifen die ganze Erde und halten Ausschau nach jemandem, den er segnen kann (2Chr 16,9). Sein Wunsch, uns zu segnen, ist größer als unserer, gesegnet zu werden. Er versucht, seinen Segen auf uns kommen zu lassen, aber wir haben uns mit weniger zufriedengegeben. Wir haben Gottes Bestes noch nicht einmal im Visier. Wir betteln ihn an, uns das zu geben, was er uns bereits gegeben hat. Wir sind fleischlich gesinnt, beherrscht von durch die Sinne erfasstem Wissen. Wir können nicht glauben, dass irgendetwas geschieht, ohne dass wir es sehen, schmecken, hören, riechen oder fühlen können.

Dabei steht in der Bibel, dass wir im Übernatürlichen wandeln sollten: »Denn wir wandeln im Glauben und nicht im Schauen« (2Kor 5,7). Das normale Leben als Christ ist übernatürlich! Aber im Durchschnitt wandeln Christen heute im Schauen und nicht im Glauben. Für einen wiedergeborenen Christen sollte es der Bibel nach normal sein, im Glauben und nicht im Schauen zu wandeln.

Du musst dahin kommen, dass das, was Gott zu dir spricht, mehr Bedeutung hat als das, was dein Körper meldet oder was der Arzt, dein Bankberater, irgendein Nachrichtensprecher oder die Politik sagen. Du musst an einen Punkt gelangen, an dem Gottes Wort die absolute und entscheidende Autorität ist, und jeder Mensch und jede Sache, die dem entgegensteht, im Unrecht ist.

Auf den Kopf gestellt

Gottes Wort an erste Stelle zu setzen, fällt leicht, wenn man ein inspirierendes Buch liest; wenn du jedoch zur Arbeit gehst und man dort anfängt, über dich zu lästern, alles schlecht macht, was für das Gute steht, und alles Moralische in Frage stellt, ziehst du dann den Kopf ein und bleibst stumm? Oder beziehst du Position und sprichst in Liebe die Wahrheit aus? Ich sage das nicht, um jemanden zu verletzten, aber die meisten Christen brauchen dringend ein Rückgrat. Sie müssen aufstehen und an den Punkt gelangen, an dem sie Gottes Wort glauben, es aussprechen und danach handeln. Nicht Christen, sondern Ungläubige sollten diejenigen sein, die sich verlegen fühlen.

Wenn jemand fragt: »Glaubst du an Schöpfung und nicht an Evolution?«, sollte deine Antwort sein: »Allerdings! Du glaubst doch nicht, dass wir aus dem Schleim gekrochen sind, oder? Glaubst du ehrlich, dass diese Komplexität in ihrer Gesamtheit sich zufällig aus Glibber geformt hat?« Nicht wir sollten uns verlegen fühlen, sondern Leute, die nicht an Gott glauben. Genauso heißt es in Psalm 14,1 und Psalm 53,2: »Der Narr spricht in seinem Herzen: ›Es gibt keinen Gott!‹«

Wenn jemand sagt, er sei Atheist oder Agnostiker, sollte man dem so begegnen: »Das kann doch nicht wahr sein! Das ist töricht. Wie kannst du nur nicht an Gott glauben?« Mein Freund Duane Sheriff erzählte davon, dass die russischen Kosmonauten zurückgekehrt von ihrer Raumfahrt sagten: »Wir haben Gott nicht gesehen.« Duane meinte darauf: »Sie hätten bloß aus der Raumkapsel austeigen müssen, dann hätten sie ihn getroffen.« Es ist einfach töricht. Unsere Welt steht Kopf. Sie ist durcheinandergeraten. Nicht wir, sondern die Welt sollte sich komisch vorkommen.

Vor langer Zeit spielte ich einmal Basketball mit einer Gruppe von Jugendlichen. Jedes Mal, wenn sie einen Wurf verfehlten, fluchten sie, gebrauchten Gottes Namen als Schimpfwort und verunehrten den Namen Jesu. Also sagte ich, wenn sie wieder zu fluchen anfingen: »Halleluja! Danke, Jesus! Preis dem Herrn!« Junge, wie die mich anstarrten! Dann ging erneut ein Wurf daneben und wieder fluchten sie. Ich sagte: »Danke, Vater. Halleluja!« Ich pries Gott. Sie schauten mich bloß wieder an. Schließlich fragten sie mich: »Was machst du da?« Ich antwortete: »Ihr preist euren Gott, ich preise meinen.« Nach nur kurzer Zeit warfen sie mir bei jedem Fehlwurf einen Blick zu und sagten dann: »Halleluja.« Und ich antwortete mit »Halleluja!«. Das änderte die Situation völlig. Sie hätten sich von Anfang an unwohl fühlen sollen beim Fluchen und Schimpfen – ich hingegen habe keinen Grund, mich unwohl zu fühlen, wenn ich Gott preise. Halleluja!

Einlass

Gott hat alles getan. Es ist nicht so, dass er nicht geben würde; vielmehr scheitern wir daran, das Bereitgestellte zu empfangen. Wir sind fleischlich. Wir denken: *O Gott, ich habe gebetet. Aber ich sehe nicht, dass sich etwas geändert hätte. Das muss dann wohl bedeuten, dass du nichts getan hast.* Das ist einfach albern.

Wenn du sagst: »Ich glaube einfach an nichts, das ich nicht sehen, schmecken, hören, riechen oder fühlen kann«, dann heißt das nur, dass du nicht besonders klug bist. In dem Raum, in dem du dich gerade aufhältst, gibt es Radio- und TV-Signale, die du nicht sehen kannst. Nur weil du sie nicht sehen kannst, heißt das nicht, dass sie nicht existieren. Wenn du ein passendes Empfangsgerät hast – ein Radio oder einen Fernseher –, kannst du diese Signale hörbar bzw. sichtbar machen, indem du das Gerät anschließt, einschaltest und richtig einstellst. Doch der Moment, in dem die Signale hör- und sichtbar werden, ist nicht der Zeitpunkt, zu dem sie entstanden sind. Sie waren schon vorher da, aber es gab bis dahin keine Möglichkeit, sie zu empfangen. Die Signale befinden sich in einem Bereich, den wir mit unserem kleinen Erbsenhirn nicht wahrnehmen können. Es existieren tatsächlich viele Dinge, die außerhalb dessen liegen, was der Mensch sehen oder fühlen kann. Inzwischen haben wir erkannt, dass das auch im natürlichen Bereich so ist.

Im geistlichen Bereich gibt es Engel an deiner Seite. Gott ist dort. Seine Herrlichkeit ist dort. Dieselbe Kraft, die Jesus Christus von den Toten auferweckt hat, ist nicht irgendwo fern im Himmel; sie ist im Inneren eines jeden wiedergeborenen Gläubigen (Eph 1,19–20). Sie ist in dir drin, aber wie kommst du an sie heran?

Durch den wir im Glauben auch Zugang erlangt haben zu der Gnade, in der wir stehen. — Römer 5,2

Nach *Strong's Concordance* bedeutet das griechische Wort, das mit *Zugang* übersetzt wurde, hier wörtlich »Einlass«. Durch den Glauben erlangen wir Zutritt zur Gnade Gottes. Glaube bedeutet, zu glauben, dass etwas existiert, das du nicht mit den Sinnen wahrnehmen kannst.

Lebe und handle im Übernatürlichen

Demnach kommt der Glaube aus der Verkündigung, die Verkündigung aber durch Gottes Wort. — Römer 10,17

Die Worte, die ich zu euch rede, sind Geist und sind Leben. — Johannes 6,63

Wenn du wissen willst, was im geistlichen Bereich passiert, musst du dir Gottes Wort anschauen. Gottes Wort ist ein Fenster in die geistliche Welt. Wenn du die Frage hast: »Herr, was hast du für mich getan?«, dann wirf einen Blick in sein Wort. Zum Beispiel heißt es in 1. Petrus 2,24: »Durch seine Wunden seid ihr geheilt worden!«

»Aber Gott, ich fühle mich nicht geheilt.«

Wenn du Schwierigkeiten hast, zu empfangen, weil du nicht sehen, schmecken, hören, riechen oder fühlen kannst, dass etwas passiert ist, dann bist du fleischlich gesinnt, und fleischliche Gesinnung ist gleichbedeutend mit Tod (Röm 8,6). Du musst an einen Punkt gelangen, an dem du sagen kannst: »Ich fühle mich nicht geheilt, aber es steht in deinem Wort und daher glaube ich es.« Dann sagt dein Körper: »Du hast Schmerzen.« Du antwortest: »Mir ist egal, was ich fühle. Es spielt keine Rolle, wie es aussieht. Mich kümmert auch nicht, was irgendwer sagt. Es ist das, was Gottes Wort sagt, und ich glaube es!« Wenn Gottes Wort für dich realer ist als alles Fleischliche, dann werden die Dinge, die du glaubst, eintreten.

Aber dorthin gelangst du nicht, indem du fleischlich bist und permanent deinen fünf Sinnen folgst. Du wirst Zeit in der Gegenwart des Herrn verbringen müssen. Du wirst dein Denken erneuern müssen, du wirst mit jemandem sprechen müssen, den du nicht *sehen* kannst, dir von jemandem etwas sagen lassen, den du nicht *hören* kannst, und du musst lernen, im Bereich des Übernatürlichen zu leben und zu handeln. Nur sehr wenige Christen investieren Zeit in diese Dinge. Die meisten werden stattdessen nur mit fleischlichen, physischen und natürlichen Dingen regelrecht bombardiert.

Gott hat sich für »die Torheit der Verkündigung« entschieden, um diejenigen zu retten, die glauben (1Kor 1,21). Der Glaube kommt aus der Verkündigung, die Verkündigung aber durch Gottes Wort (Röm 10,17). Es ist eine Notwendigkeit, dass du das gepredigte Wort regelmäßig hörst. Letztendlich musst du aber auch selbst mit Gott Gemeinschaft haben und ihn zu dir sprechen lassen – nicht nur durch jemand anderen, sondern der allmächtige Gott muss direkt mit dir reden können. Du brauchst das!

Gott hat bereits vorgesorgt. Die Ursache für unsere Probleme ist nicht ein Mangel an Versorgung durch Gott; unsere »Empfänger« funktionieren nicht. Wir empfangen nicht, wie wir es sollten. Der Grund ist, dass wir Gottes Fülle noch nicht einmal anstreben. Wir haben uns mit weniger zufriedengegeben und müssen unsere Denkweise deshalb hier ändern. Wir müssen vor den Herrn treten und in Reue sagen: »Gott, vergib meine Zweifel. Vergib mir, dass das, was ich sehe, schmecke, höre, rieche und fühle, realer für mich ist, als du es bist. Vergib mir, dass ich mich mehr von Angst als durch dein Wort leiten lasse.«

Kürzlich kam jemand auf mich zu und sagte, dass ein Fluch auf ihm laste. Er meinte, der Fluch habe sich auf die ganze Familie ausgewirkt und ihnen seien all diese negativen Dinge widerfahren. Ich sagte dieser Person: »Versteh doch, diese Flüche können keine Auswirkungen auf euch haben, es sei denn, ihr glaubt daran« (Spr 26,2). Das war eine brandneue Offenbarung für diese Person. Auf die gleiche Weise, wie das von Gott im geistlichen Bereich zur Verfügung Gestellte durch Glauben in Empfang genommen wird (wir haben Zugang zur Gnade durch Glauben, siehe Röm 5,2), so muss auch ein Fluch durch Glauben in Empfang genommen werden. Man nennt das dann *Unglauben.*

Unglaube ist nichts anderes als der Glaube an die falschen Dinge. Glaube und Unglaube unterscheiden sich nur insofern, als dass der eine auf Gott gerichtet ist und die Zusagen in seinem Wort glaubt (positiv auf sie reagiert), während der andere von Gott weggerichtet ist und die falschen Dinge glaubt, so wie sie von der Welt, vom Fleisch und vom Teufel kommen. Wenn Satan dir mit irgendetwas entgegentritt – einschließlich eines Fluches –, musst du dem erst einmal Glauben schenken, bevor es in deinem Leben Wirkung zeigt. Unglaube ist der Glaube an die falschen Dinge.

Du bist derjenige, der den Teufel ermächtigt. Du bist derjenige, der bei jeder neuen Grippewelle glaubt, dass es ihn auch erwischen werde. Du hast die Lüge geschluckt und ihr geglaubt. Die gleichen Worte sind über mich ausgesprochen worden, aber ich glaube ihnen nicht und ich bekomme keine Grippe. Ich glaube nicht daran, krank zu werden. Vielleicht denkst du: *So funktioniert das nicht.* Weil du das glaubst, tut es das bei dir auch nicht. Du glaubst, dass dir Krankheit nicht erspart bleiben kann, also bekommst du das, was du glaubst.

Glaube funktioniert. Wenn du glaubst, du habest keinen Einfluss darauf, ob es ab einem bestimmten Alter mit dir bergab gehe oder nicht, und du seist zwangsläufig diesen ganzen Probleme ausgesetzt und könnest deshalb nicht bei guter Gesundheit bleiben, dann bist du derjenige, der diesen Dingen Tür und Tor öffnet. Du bist derjenige, der behauptet, dass Krebs unheilbar sei, während die Bibel sagt, dass Jesu Name über jeden anderen Namen erhaben ist (Phil 2,9). Wenn etwas einen Namen hat, steht Jesus darüber. Es ist also keine große Sache!

KAPITEL 8

Worte

Hannah, die Tochter von Ashley und Carlie Terradez, wurde zum Sterben nach Hause geschickt. Die Ärzte rechneten nicht damit, dass sie zum nächsten Termin nochmal erscheinen würde. Sie war dreieinhalb Jahre alt und trug die Kleidung eines neunmonatigen Säuglings. Hannah hatte in ihrem Leben nie feste Nahrung zu sich genommen. Sie war über eine Magensonde mit einer speziellen Nährflüssigkeit ernährt worden, doch nun hatte man ihren Eltern mitgeteilt, dass ihr Körper diese Flüssigkeit abstoße. Wenn die beiden anderen Leuten von Hannahs schlechter Verfassung erzählten, bekamen sie jedes Mal – sogar von Christen – zur Antwort: »Das ist wirklich schlimm!« Sie nahmen sich ärztliche Einschätzungen mehr zu Herzen als das, was Gott sagt.

Dann aber fingen Ashley und Carlie an, das Wort für sich in Anspruch zu nehmen. Sie erfuhren, dass ich in England in der Nähe ihres Wohnortes dienen würde. Also brachten sie Hannah zu Jamie und mir, damit wir für sie beten. Als sie uns über ihren Zustand aufklärten, antwortete ich: »Das ist ein Kinderspiel für Jesus!« Das entfachte Glauben in ihren Herzen und sie begannen zu glauben, dass der Herr über dieser Krankheit und diesem Leiden stand. Die Ärzte hatten nicht erwartet, dass Hannah diese Woche überleben würde; doch stattdessen wurde sie vollständig geheilt. Das war vor über zehn Jahren und Hannah ist immer noch gesund und wohlauf. Preis dem Herrn! (Du kannst das vollständige

Zeugnis auf unserer englischsprachigen Website nachlesen. Dort gibt es auch noch viele andere Zeugnisse.)

Wenn Menschen den Namen bestimmter Leiden oder Krankheiten aussprechen, wie beispielsweise Krebs, löst das in ihren Herzen Angst aus. Die meisten Leute lassen sich stärker von den Aussagen eines Arztes, Bankmitarbeiters oder anderer Leute beeinflussen als von dem, was in Gottes Wort steht, und hierin liegt das Problem: Sie bekräftigen diesen Fluch und die negativen Worte, die ausgesprochen wurden. Wenn ihnen gesagt wird, dass wir uns in einer Rezession befänden und man deshalb mit Problemen rechnen müsse, glauben sie es und verleihen diesem damit Macht in ihrem Leben.

Erinnerst du dich an die globale Finanzkrise in den Jahren 2007 bis 2009? Die US-Regierung fing an, als »Wachstumsanreiz« mehr Geld in Umlauf zu bringen. Man erwartete das Ende der Welt. Einige Leute begingen sogar Selbstmord, weil sie alle möglichen schrecklichen Dinge auf sich zukommen sahen. Genau in dieser Zeit sprach Gott zu mir darüber, dass unser Dienst sich ausweiten müsse. Er sagte mir, ich solle mit dem Bau eines neuen Bibelschulcampus beginnen. Also starteten wir das größte Bauprojekt seit Bestehen dieses Dienstes. Im Verlauf der vergangenen fünf Jahre, sogar während der »Finanzkrise« mit ihren erwarteten Auswirkungen, haben wir ein Gebäude für 32 Millionen Dollar errichtet, ohne Schulden zu machen. Gerade sind wir dabei, schuldenfrei ein Gebäude im Wert von 53 Millionen Dollar zu errichten. Ich hätte glauben können, was über die globale Finanzkrise gesagt wurde, und mich infolgedessen zurückziehen können. Stattdessen hörte ich auf Gott, der sagte, dass ich etwas anderes tun solle. Ich entschied mich, dem von Gott Gesagten mehr Glauben zu schenken als dem, was die Welt sagte.

Vielleich denkst du, dass ich die Dinge zu sehr vereinfache, doch so simpel ist es nun mal. Aber wenn es auch einfach ist, so ist es dennoch nicht leicht. Die schwierigste Aufgabe für dich wird sein, Gottes Wort – das, was du von ihm hörst, die Wahrheit, die er in deinem Herzen zu dir spricht – realer werden zu lassen als das, was irgendetwas oder irgendjemand anderes sagt. Es muss für dich realer sein, als das, was deine Verwandten sagen, was dein Professor sagt und was Politiker sagen. Es ist wirklich so einfach. Wem und was glaubst du?

Keine Ausrede

Satan kann dir nichts ohne deine Einwilligung und dein Mitwirken antun. Viele Leute geben das nicht gerne zu, weil sie sich mit dem Gedanken trösten: *Der Teufel hat mir das aufgezwungen. Er kämpft gegen mich an, und ich kann nichts dagegen tun. Ich bin nicht verantwortlich.* Satan kann dir nur das antun, wozu er von dir ermächtigt wird. Und du ermächtigst ihn, indem du an die falschen Dinge glaubst wie: *Ich bin nur ein Mensch … Ich muss jedes Mal krank werden, wenn ein Virus die Runde macht … Ich muss nun mal so sein wie jeder andere … Ich kann nicht Erfolg haben, ohne mich bis über beide Ohren zu verschulden.* Du bist derjenige, der diesen Unfug glaubt. Du bist derjenige, der diesen Dingen Macht verleiht und zulässt, dass der Teufel dich überrennt.

Vielleicht sagst du jetzt: »Also bitte, Andrew! Willst du damit sagen, es sei mein Fehler?« Ja, genau das sage ich. Das ist exakt das, was ich meine.

Aber weißt du was? Für mich ist das ermutigend. Wenn es einen Feind gegen mich gibt, der größer und stärker ist als ich und der unmöglich von mir aufgehalten werden kann, dann ist das einfach nur bedauernswert. Wehe mir! Ich bin nur ein hilfloses Opfer. Doch wenn das Problem darin liegt, dass ich etwas falsch mache, kann ich etwas dagegen tun – ich kann mich ändern. Wenn es an mir liegt und ich Satan erlaubt habe, mich zu belügen und zu bestehlen, dann kann ich das ändern. Ich kann umkehren und eine andere Richtung einschlagen. Preis dem Herrn! Herauszufinden, dass man selbst das Problem ist, ist eine gute Nachricht, weil man sich ändern kann.

Hör auf, ein Opfer zu sein! Meinst du, dass die Regierung das Problem sei und dass alles in Ordnung wäre, wenn sie dir nur genügend Sozialhilfe zahlen würde? Glaubst du, dass du mehr Geld brauchst, und wartest du darauf, dass jemand anderes es dir geben wird? Dann hör damit auf! Niemand schuldet dir etwas. Hör auf, dich von anderen unterdrücken zu lassen und übernimm selbst die Verantwortung für dein Leben. Erkläre: »Was andere tun oder nicht tun, ist nicht ausschlaggebend. Ich bin derjenige, der die Autorität und Kraft Gottes hat. Ich werde mich für Leben entscheiden, und durch Christus werde ich leben und erfolgreich sein!«

In Amerika haben wir eine Opfermentalität. Schwarze beschuldigen Weiße. Weiße beschuldigen Schwarze, Hispanoamerikaner und asiatische Amerikaner. Alle schieben sich gegenseitig die Schuld zu. Jeder verfolgt seine eigenen Interessen. Manche sagen: »Wir müssen das Geld den Reichen wegnehmen und es den Armen geben.« Niemand will Verantwortung übernehmen. Ich sage dir, dass deine Hautfarbe nicht wichtig ist – ob grün oder meinetwegen lila, finde heraus, was Jesus für dich getan hat. Entdecke, wer du bist und was du in Christus hast; dann ergreife die Autorität, die du hast, und fang an, im Glauben daran standhaft zu bleiben, und du wirst Erfolg haben.

Du hast keine Ausrede dafür, ein Versager zu sein. Vielleicht gibt es Gründe, aber keine Ausrede. Der Herr hat dich zum Haupt und nicht zum Schwanz gesetzt. Es wird mit dir immer nur aufwärtsgehen und nicht abwärts (5Mo 28,13).

Waffen

Keiner Waffe, die gegen dich geschmiedet wird, soll es gelingen; und alle Zungen, die sich gegen dich vor Gericht erheben, sollst du schuldig sprechen. Das ist das Erbteil der Knechte des HERRN und ihre Gerechtigkeit, die ihnen von mir zuteil wird, spricht der HERR. — Jesaja 54,17

Beachte, dass auf den ersten Satzteil – »Keiner Waffe, die gegen dich geschmiedet wird, soll es gelingen« – dies als zweiter folgt: »und alle Zungen, die sich gegen dich vor Gericht erheben, sollst du schuldig sprechen«. Diese beiden Aussagen sind miteinander verknüpft. Wusstest du, dass Worte Waffen sind? Wenn jemand behauptet: »Jeder wird an Grippe erkranken. Es wird eine Pandemie daraus werden«, dann sind das Flüche. Das sind Waffen. Was machst du also mit ihnen? Du musst sie schuldig sprechen.

Als wir in Europa waren, vor etwas mehr als zehn Jahren, kam gerade die Vogelgrippe auf. Auf unserer Fahrt durch England sahen wir überall Rauch aufsteigen, da dort vermutlich Millionen von Hühnern und ähnlichem Geflügel getötet und verbrannt wurden. In Schottland hörte ich ein Interview, bei dem der führende Experte des britischen Gesundheitswesens zu dieser Situation befragt wurde. So wurde ihm unter anderem diese Frage gestellt: »Besteht die Gefahr, dass dieser Erreger durch Mutation auf Menschen übertragen werden könnte?« Dieser Experte sagte: »Die Frage ist nicht, ob es passiert, sondern wann es passiert.« Er sagte, dass innerhalb von zwei Jahren ein Drittel der Weltbevölkerung an der Vogelgrippe sterben würde. Das war die Prognose des »Experten«! Und das war vor mehr als zehn Jahren.

Zwar gab es weltweit Todesfälle durch die Vogelgrippe, aber keineswegs betrafen diese ein Drittel der Weltbevölkerung, und es gab mit Gewissheit auch keinen Massenaufruhr. Weißt du, was seine Worte waren? Ein Fluch. Ein anerkannter Experte sagte einige Dinge; und viele Leute gaben einfach klein bei und versanken in Angst. Die Welt sagt: »Das ist nur weise. Auch wenn etwas nicht eintreten sollte, ist es dennoch klug, sich auf den Extremfall vorzubereiten.« Nein, es ist ein Fluch. Es sind Worte. Wie gehst du mit ihnen um? In Jesaja 54,17 steht, dass es keiner Waffe, die gegen dich geschmiedet wird, gelingen soll; und dass du alle Zungen, die sich gegen dich vor Gericht erheben, schuldig sprechen sollst. Du musst solche Worte verwerfen. Du musst sie verurteilen, indem du sagst: »Nein! Im Namen Jesu, auf mich trifft das nicht zu!«

Eine Saat

Jesus sagte, dass Gottes Wort wie ein Samen funktioniert.

Der Sämann sät das Wort. — Markus 4,14

Denn ihr seid wiedergeboren nicht aus vergänglichem, sondern aus unvergänglichem Samen, durch das lebendige Wort Gottes, das in Ewigkeit bleibt. — 1. Petrus 1,23

Gottes Wort ist ein Samen. Wenn du diesen Samen pflanzt, keimt er auf und entfaltet die übernatürliche Kraft, die in ihm steckt. Aber Gottes Wort ist nicht der einzige Samen, den es gibt. Jedes Wort, das du hörst, ist ein Samen – jedes Wort!

Tod und Leben sind in der Gewalt der Zunge.
— Sprüche 18,21 ELB

Beachte, dass es nicht heißt: »Tod, Leben und ein Haufen Unbedeutendes sind in der Gewalt der Zunge.« Nein, alles, was du hörst, ist entweder Leben oder Tod, Segen oder Fluch. Es gibt keine unwirksamen Worte. Jedes Wort ist eine Saat, die entweder Tod oder Leben vermittelt.

Es würde meinem Glauben schaden, wenn ich in der Absicht, niemanden zu kränken, die Leute um mich herum ungehindert Unglauben aussprechen ließe. Wenn ich zuließe, dass sie um mich herum Dinge sagen wie: »Was? Du erwartest im Glauben 53 Millionen Dollar? Das wird nie passieren. Du wirst es nie schaffen«, würden diese Worte in meinem Herzen zu keimen beginnen und Angst und Zweifel aufkommen lassen.

Ich habe gelernt, dass ich, wenn ich etwas höre, das im Widerspruch zu dem steht, was ich im Glauben von Gott erwarte, den Sprechenden auf der Stelle mit den Worten unterbrechen muss: »Im Namen Jesu, das stimmt nicht. Ich verwerfe es. Ich verurteile es!« Ich habe erkannt, dass solche Worte an mir abperlen und mich gar nicht erst beunruhigen, wenn ich mich auf der Stelle darum kümmere. Wenn ich aber nicht sofort etwas sage, weil ich mein Gegenüber nicht kränken will, sondern damit warte, bis ich zu Hause bin, dann muss ich den gesprochenen Unglauben ausjäten, der bereits angefangen hat, in mir zu keimen. Er hat bereits einige Wurzeln geschlagen und es braucht eine gewisse Zeit, um damit fertigzuwerden. Also habe ich gelernt, diese Worte des Unglaubens sofort zu kontern, sobald sie über mich ausgesprochen werden.

Ich mache das sogar, wenn ich Radio höre oder Fernsehen schaue – meine Frau wird das bestätigen. Wenn wir unterwegs im Auto Nachrichten oder anderes hören und gesagt wird: »Es ist Grippezeit. Haben Sie sich schon dagegen impfen lassen?«, antworte ich sofort: »Nein, im Namen Jesu gibt es für mich keine Grippezeit. Es gibt für mich keine Jahreszeit, in der Gottes Wort nicht funktioniert.« Wenn dann als Nächstes gesagt wird: »Wenn Sie über vierzig sind, könnten Sie bereits Probleme mit der Prostata haben«, sage ich: »Nein, ich habe keine Probleme mit der Prostata, im Namen Jesu. Durch seine Wunden wurde ich geheilt.« Dann kommt die Frage: »Haben Sie Schmerzen?« Und ich sage darauf: »Nein!« Ich spreche zu allem und jedem, das dem widerspricht, was Gott gesagt hat.

Jesus sprach zu einem Feigenbaum. In der Bibel steht, dass er dem Feigenbaum »antwortete« (Mk 11,14 LUT). Das bedeutet, der Feigenbaum hatte zu ihm gesprochen. Wusstest du, dass Dinge zu dir sprechen werden? Manchmal erhältst du deinen Kontoauszug und alles ist im Minus. Er spricht: »Du bist in den Miesen. Diese Sache mit dem Glauben funktioniert nicht.« Antworte auf alles, was zu dir spricht. Sprich zu deinem Kontostand: »Konto, du kommst vom Soll ins Haben, im Namen Jesu.« Sprich aus, was Gottes Wort zu den Dingen sagt.

Vielleicht denkst du: *Andrew ist sonderbar.* Ich hingegen denke, dass du sonderbar bist, wenn du dich vom Teufel einfach überrennen lässt, ohne Widerstand zu leisten. Er kann dir ohne deine Einwilligung und dein Mitwirken nichts anhaben. Man hat dir aber beigebracht, Krankheit und Gebrechen zu akzeptieren.

Adam und Eva wurden 930 Jahre alt (1Mo 5,5). Einer der Gründe dafür war, dass sie so etwas wie eine Grippezeit gar nicht kannten.

Sie wussten nicht, dass sie mit vierzig »auf dem absteigenden Ast« waren. Erst ab einem Alter von über hundert Jahren fingen sie an, Kinder zu bekommen. Der Teufel brauchte tausende von Jahren, um der Menschheit beizubringen, Krankheit und Gebrechlichkeit als etwas Normales anzusehen. Leute müssen erst lernen, krank zu werden.

Es ist deine Entscheidung!

Wenn du dich als kleines Kind krank gefühlt hast, haben dir deine Eltern Bettruhe verordnet und dich mit einem freien Tag belohnt. Sie verhätschelten dich mit viel Aufmerksamkeit, Limonade und dem ganzen anderen, was du wolltest. Sie sorgten dafür, dass sich Kranksein gut anfühlt.

Wenn sich unsere Kinder krank fühlten, wollten wir sie nicht noch darin bestärken. Anstatt sie zu belohnen und zu verhätscheln, sagten wir: »Du wirst nicht nur im Bett liegen und dich krank aufführen.« Wir ließen es nicht zu, dass unsere Kinder krank sind. Wir brachten ihnen bei, dass krank zu sein nicht gut ist, und als eine Folge davon wurden unsere Kinder nicht krank. Wir glauben nicht ans Kranksein. Gottes Wort sagt: »Kein Unglück wird dir zustoßen und keine Plage zu deinem Zelt sich nahen« (Ps 91,10).

Traurigerweise werden andere Christen dich aber nicht für normal halten, wenn du an Heilung, Wohlstand und Erfolg glaubst. Sie werden dich kritisieren wegen deines Glaubens daran, dass Gott für dich ein Leben im Sieg anstatt in Niederlage beabsichtigt. Heutzutage ist eine der bekanntesten Lehrmeinungen im Leib Christi der Glaube, dass Gott alles kontrolliere, also einfach »souverän« handle. Eine Person, die diesen extremen Standpunkt vertritt, kann ihr ganzes Versagen Gott in die Schuhe schieben und sagen: »Er ist verantwortlich für meine missliche Lage. Gott muss einen Plan damit verfolgen, wenn ich krank bin.« Nein, das tut er nicht (1Petr 2,24 und Ps 91,10–11)! Du musst nicht krank, arm oder deprimiert sein.

Es ist sechsundvierzig Jahre her, seit ich das letzte Mal deprimiert war. Ich glaube nicht ans Deprimiertsein – und mir sind schon viele deprimierende Dinge widerfahren. Wenn du solche Dinge sagst, wird dich der durchschnittliche Christ kritisieren und sagen, dass du lügst. Das tue ich nicht. Das ist mein Zeugnis, und ich bleibe dabei. Ich hatte viele Gelegenheiten, niedergeschlagen zu sein. Mein Sohn starb und viele andere Dinge geschahen, ich entschied mich dennoch dafür, nicht deprimiert zu sein. Ganz gleich, was passiert, ich will den Herrn zu jeder Zeit preisen (Ps 34,2). Ich habe Liebe, Freude und Frieden in meinem Geist (Gal 5,22). Egal, wie ich mich fühle, ich werde den Herrn preisen (Hebr 13,15)!

Du hast die Wahl. Es ist deine Entscheidung!

Du musst Buße tun!

Ich nehme heute Himmel und Erde gegen euch zu Zeugen: Ich habe euch Leben und Tod, Segen und Fluch vorgelegt; so erwähle nun das Leben, damit du lebst, du und dein Same.
— 5. Mose 30,19

Es ist wie ein Multiple-Choice-Test, den dir Gott durch diesen Vers gibt:

A. Leben und Segen
B. Tod und Fluch

Dann aber sagt er: »Die Antwort ist A.« Er verrät dir die Antwort und sagt: »Wähle das Leben!« Du hast die Wahl, aber die richtige Entscheidung ist, das Leben zu wählen.

Warum sollten wir den Tod dem Leben vorziehen? Warum sollten wir Verschuldung der Schuldenfreiheit vorziehen? Warum sollten wir Krankheit der Gesundheit vorziehen? Warum sollten wir Sozialleistungen dem produktiven Schaffen vorziehen? Warum zielen wir auf nichts und treffen es auch noch jedes Mal? Ich sage dir, dass wir diejenigen sind, die das Wirken von Gottes Güte und Gunst in unserem Leben verhindern.

Vielleicht nimmst du mir einige der Dinge übel, die ich hier angesprochen habe. Du hast einfach die Maßstäbe übernommen, die die Welt heutzutage propagiert, und sie bestimmen nun deine Denkweise. Es kommt bei dir keine Freude auf, wenn jemand sagt, dass dies nicht Gottes Bestes sei. Du musst kehrtmachen und umdenken! Wenn du eine Katze streichelst und ihr die Haare zu Berge stehen, dann deshalb, weil du sie falsch herum streichelst. Wie ist das zu lösen? Indem man die Katze umdreht und sie dann weiterstreichelt. Wenn ich mit dem, was ich bis hierhin gesagt habe, bei dir angeeckt bin, kannst du das mit einer Kehrtwende lösen. Kehre um, und es wird sich gut anfühlen. Ehre sei Gott!

Der Herr versucht, uns darin zu bestärken, dass er seinen Teil geleistet hat. Es liegt nicht an ihm oder daran, dass er nicht gegeben hätte; wir haben das Gegebene bloß nicht empfangen. Wir müssen uns ändern. Wenn du Gott mit Demut begegnest, dann wird Gnade fließen und er wird dir den Weg zeigen (Jak 4,6). Sage einfach: »Vater, du bist ein guter Gott. Es liegt nicht an dir, dass ich weniger als dein Bestes empfangen habe. Zeige mir bitte das, was ich noch nicht weiß. Lehre mich. Alles liegt vor dir ausgebreitet. Ich werde mich an nichts klammern. Ich will nur deine Fülle. Zeig mir, was ich tun muss.« Gott ist willens und gerne bereit, dir den Weg zu zeigen. Doch du musst umkehren und dich von den Dingen abwenden, an die du dich bisher geklammert hast und die Gottes Wirken in deinem Leben behindern.

Nimm dir jetzt einen Moment Zeit und bete: »Vater, danke, dass du zu mir sprichst. Ich öffne mein Herz für dein Wort. Bitte hilf mir, die Bereiche zu erkennen, in denen ich dich eingeschränkt und deine Güte daran gehindert habe, in meinem Leben zu wirken. Ich danke dir, Vater. Ich demütige mich und nehme mit Sanftmut das eingepflanzte Wort auf, das die Kraft hat, meine Seele zu erretten (Jak 1,21). Ich höre auf, dir die Schuld zuzuschieben, und übernehme Verantwortung. Ich höre auf, fleischlich zu sein, und stelle mich auf dein Wort. Danke, Vater, dass du heute mein Leben berührt hast!«

KAPITEL 9

Naturgesetze

Gott lässt dir seine Versorgung auf verschiedenen Wegen zukommen. Hauptsächlich geschieht es auf zwei Arten, nämlich durch Segen und Wunder. Viele Leute haben diese Begriffe zwar schon gehört, doch ehrlicherweise müssen sie sich eingestehen, dass sie sich mit dieser Thematik noch nicht genügend beschäftigt haben, um den Unterschied zwischen beidem zu erkennen.

Die meisten vom Heiligen Geist erfüllten Gläubigen – solche, die in Sprachen beten und verstehen, dass Gott real und übernatürlich ist und alles zu tun vermag – haben es eher auf Wunder abgesehen. Stell dir zwei Türen vor, die nebeneinander liegen. Auf der einen steht »Wunder« und auf der anderen »Segen«. Die meisten Christen würden jedes Mal zur »Wunder«-Tür rennen und sagen: »Ich will ein Wunder. Ich sehne mich danach, ein Leben in der wunderwirkenden Kraft Gottes zu führen!«

Wunder geschehen auch heute noch. Ich erlebe sie ständig mit, sei es bei unseren Treffen, im Charis Bible College oder durch unseren telefonischen Dienst. An Wundern gibt es nichts auszusetzen, allerdings sind sie nicht Gottes Bestes. Segen ist Gottes Bestes für dich!

Versteh mich nicht falsch – ich glaube an Wunder und sehe sie auch regelmäßig. Aber ich glaube daran, dass Wunder in erster Linie für andere, ungläubige Menschen bestimmt sind. Jesus gebrauchte Wunder wie eine Signalglocke, um Menschen anzuziehen, deren Aufmerksamkeit er erlangte, und zur Bestätigung seiner Worte. Wir brauchen mehr übernatürliche Wunder Gottes in unseren Gottesdiensten, um Menschen damit zu ermutigen und ihnen zu zeigen, dass Gott real ist. Aber dein Leben wird nicht von Wundern aufrechterhalten. Gott will, dass du im Segen wandelst, weil Segen auf lange Sicht besser ist als ein Wunder.

Aufheben oder aussetzen

Definitionsgemäß handelt es sich bei einem Wunder um eine Aufhebung oder Aussetzung von Naturgesetzen. Wenn sich etwas anhand von natürlichen Geschehnissen erklären lässt, handelt es sich nicht um ein Wunder. In der Medizin werden Dinge wie beispielsweise Polioimpfstoffe als »Wundermittel« bezeichnet. Die Entwicklung eines Impfstoffs ist aber kein Wunder, sondern ein Segen. Es ist lediglich etwas Natürliches. Ich glaube, dass Leute ins Gebet gegangen sind und Gott ihnen Weisheit und Erkenntnis darüber gegeben hat, wie man bestimmte Dinge bewerkstelligt. Wenn etwas im natürlichen Bereich mit natürlichen Mitteln erreicht wird, dann ist es kein Wunder.

Ein Wunder ist ein Ereignis, das Naturgesetze aufhebt oder außer Kraft setzt. Auf dem Wasser laufen (Mt 14,22–23) ist ein Wunder; wenn das Wasser gefroren ist, ist es allerdings kein Wunder. Wunder sind übernatürlich.

Als Gott die Himmel und die Erde schuf, sprach er auch die Naturgesetze, die dort herrschen, in Existenz.

> *Und Gott sprach: Es werde Licht! Und es wurde Licht. Und Gott sah, dass das Licht gut war; da schied Gott das Licht von der Finsternis. Und Gott nannte das Licht Tag, und die Finsternis nannte er Nacht. Und es wurde Abend, und es wurde Morgen: der erste Tag. — 1. Mose 1,3–5*

Gott fuhr fort zu sprechen und zu erschaffen:

Und Gott sah alles, was er gemacht hatte; und siehe, es war sehr gut. Und es wurde Abend, und es wurde Morgen: der sechste Tag. — 1. Mose 1,31

Als Gott die Himmel und die Erde erschuf und sie »gut« (oder auch »sehr gut«) nannte, war das eine krasse Untertreibung. Sie waren fantastisch. Seine Schöpfung ist wunderbar! Gott hat also diese Welt mit allen ihren Naturgesetzen geschaffen, und zwar mit der Absicht, dass wir unter diesen Naturgesetzen leben. Naturgesetze, wie etwa das Gesetz der Schwerkraft, sind nicht »einfach passiert«. Sie wurden erschaffen.

Eine Ausnahme

Leider ist unsere Welt dermaßen von Ungläubigen beeinflusst worden, dass selbst Christen glauben, die Schöpfung habe sich von selbst entwickelt und die Erde und die Himmel seien »einfach so« entstanden. Das war nicht der Fall. Gott hat alles durchdacht. Er sagte: »Es werde Licht!« (1Mo 1,3), »Es sammle sich das Wasser …, damit man das Trockene sehe!« (1Mo 1,9) und »Die Erde lasse Gras sprießen und … fruchttragende Bäume …, von denen jeder seine Früchte bringt nach seiner Art, in denen ihr Same ist!« (1Mo 1,11). Zuvor hatte er bereits viel Zeit, vielleicht sogar Äonen, damit verbracht, über diese Dinge nachzudenken und sie in seinem Herzen zu konzipieren. Als er sprach, war in seinen Worten alles enthalten, worüber er nachgedacht hatte, und durch seine Worte wurden diese Dinge existent. Bevor er die Schöpfung in Existenz sprach, hatte er sie schon detailliert in seinem Herzen ersonnen.

Mit diesem kreativen Prozess kenne ich mich aus, weil ich selbst Dinge erschaffe. Ich konstruiere Gebäude, mache das Programm für TV und Radio und produziere allerlei Lehrmaterial. Bevor ich sie ausführen kann, muss ich mir erst eine Vorstellung von diesen Dingen schaffen. In Gottes Wort steht, dass wir in seinem Bild geschaffen wurden (1Mo 1,27). Daher glaube ich, dass unsere schöpferische Fähigkeit von ihm stammt. Ich glaube, dass Gott die Schöpfung bis ins kleinste Detail, bis hinunter auf die kleinste atomare Ebene und bis zu jeder noch so winzigen Zelle durchdacht hat. Er durchdachte dies alles und erschuf es danach. Dann sagte er: »Das ist sehr gut.« Er wollte, dass wir in dieser Schöpfung leben, in der alles funktioniert und gut aufeinander abgestimmt ist. Wir sollen mit den Naturgesetzen vertraut sein, die zur Schöpfung gehören. Er will, dass wir die Zusammenhänge erlernen und unser Leben danach gestalten.

Wenn Gott also diese Naturgesetze, die er geschaffen hat, außer Kraft setzt oder aufhebt, ist dies eine Ausnahme und kein Dauerzustand. Es ist ein Wunder. Es war nicht wirklich eingeplant, dass Wunder einen wesentlichen Teil deiner Lebensführung ausmachen. Gott will, dass du lernst, innerhalb der natürlichen Gesetze der Schöpfung zu leben und richtig mit ihnen umzugehen. Ich bete, dass der Herr dich auf übernatürliche Weise erkennen lässt, was ich dir damit vermitteln will.

Was Forscher übersehen

Ein frohes Herz ist die beste Medizin, aber ein niedergeschlagener Geist lässt die Glieder verdorren.
— Sprüche 17,22

Wenn du dich entscheidest, fröhlich zu sein, tut das deiner Seele und deinem Köper gut. Das ist eines von Gottes Gesetzen für die Schöpfung. Er schuf uns für die Gemeinschaft mit ihm und dafür, voller Freude zu sein: »Freude in Fülle vor deinem Angesicht, Wonnen in deiner Rechten für alle Zeit« (Ps 16,11).

Stress, Sorge, Angst und Kummer sind alle eine Folge des Sündenfalls. Die Medizin hat inzwischen herausgefunden, dass Stress das Immunsystem herunterfährt und Menschen so für eine Vielzahl von Störungen anfällig macht. Wenn wir unser Leben jedoch freudig in der Gegenwart Gottes verbringen, wird unser fröhliches Herz wie Medizin wirken. Viele Krankheiten und Beschwerden könnten gar nicht in unserem Körper verbleiben und unseren Gesundheitszustand schwächen, wenn wir uns an dieses von Gott etablierte Gesetz halten würden.

In 2. Mose 20,12 steht, dass Vater und Mutter zu ehren dir langes Leben in dem Land bescheren wird, das Gott dir gegeben hat. Epheser 6,2–3 bestätigt dies:

> *»Du sollst deinen Vater und deine Mutter ehren«, das ist das erste Gebot mit einer Verheißung: »damit es dir gut geht und du lange lebst auf Erden«.*

Dennoch gibt es viele Menschen, die gegen ihre Eltern rebellieren und respektlos mit ihnen umgehen. Damit sage ich nicht, dass unsere Eltern immer alles richtig gemacht haben. Dennoch können wir uns dafür entscheiden, sie zu ehren. Wir können Autorität anerkennen. Respektlosigkeit gegenüber den Eltern und Rebellion gegen die Staatsordnung sind in unserem Land heute weit verbreitet. Es ist für viele normal geworden, nichts mehr zu respektieren. Das beeinträchtigt ihre Gesundheit. Die Qualität der Gesundheit eines Menschen hängt direkt damit zusammen, inwiefern er Vater und Mutter ehrt.

Ich bin immer wieder überrascht, wenn Forscher das übersehen. Sie untersuchen die Verhältnisse in Ländern wie Japan, wo die Menschen am langlebigsten sind, und fragen sich, warum die Japaner nicht unter Herzerkrankungen leiden. Sie analysieren die Ernährung der Bevölkerung und folgern daraus, dass das Geheimnis der Langlebigkeit im Verzehr von Fisch und den damit verbundenen Omega-3-Fettsäuren zu finden ist. Die Forscher berücksichtigen dabei nicht einmal ansatzweise die japanische Kultur, die besonderen Wert auf den Respekt gegenüber den Eltern und Älteren im Allgemeinen legt. Bedauerlicherweise bezieht die Forschung dies deshalb nicht mit ein, weil sie nur nach physischen, greifbaren Ursachen sucht. Dabei entgeht den Forschenden, dass diese Menschen ihre Väter und Mütter ehren. Ich sage damit nicht, dass wir so weit gehen sollten, unsere Eltern oder Vorfahren kultisch zu verehren, aber es ist von großem Nutzen, in Einklang mit Gottes Gesetzen in der Schöpfung zu leben.

Die Wesentliche verfehlt

Gottes Wort ist Leben und Gesundheit.

> *Mein Sohn, achte auf meine Worte, neige dein Ohr zu meinen Reden! Lass sie nie von deinen Augen weichen, bewahre sie im Innersten deines Herzens! Denn sie sind das Leben denen, die sie finden, und heilsam ihrem ganzen Leib.*
> *— Sprüche 4,20–22*

Unsere humanistisch eingestellte westliche Welt klammert geistliche Wahrheiten aus. Sie richtet ihr Augenmerk zum Beispiel auf Ernährungsweisen und Bewegung, um gesund zu bleiben.

Viele Leute schwören fanatisch darauf, bestimmte Sämereien und Beeren zu essen. Das ist doch keine Nahrung, sondern das, wovon sich unser Essen ernährt! Ein frohes Herz, Respekt gegenüber den eigenen Eltern und Älteren im Allgemeinen und das Vertiefen in Gottes Wort, sind alles Faktoren, die in hohem Maße zu guter Gesundheit beitragen.

> *Er sandte sein Wort und machte sie gesund und ließ sie aus ihren Gräbern entkommen. — Psalm 107,20*

Was ich dir jetzt sage, ist »Andrewlogie«. Also kannst du damit machen, was du willst. Ich selbst bin aber der Ansicht, dass Ernährung und Sport nur zu etwa 20 bis 25 Prozent zur allgemeinen Gesundheit eines Menschen beitragen. Ich glaube, dass die restlichen 75 Prozent oder mehr auf geistlichen und emotionalen Aspekten gründen. Der Humanismus in der Welt ignoriert aber geistliche Dinge, sodass der Fokus auf Ernährung, Sport und anderen natürlichen Dinge liegt – die einen kleinen Teil zur Gesundheit beitragen –, während diese viel wichtigeren Faktoren völlig außer Acht gelassen werden. Meiner Meinung nach konzentrieren die Menschen sich auf Nebensächlichkeiten und verfehlen das, was wirklich wesentlich ist.

Gott hat sowohl uns geschaffen als auch diese Welt, in der wir leben. Er gestaltete unseren Körper so, dass er auf eine bestimmte Weise funktioniert. Wenn unser Herz voller Stress, Angst, Sorge, Unversöhnlichkeit und Bitterkeit ist, zieht das Gottes gesamtes System in Mitleidenschaft. Würden wir nur mehr in Freude, Frieden und Freiheit leben, über Gottes Wort meditieren und unseren Sinn auf Gott gerichtet halten, würden wir erleben, dass Gottes Segen einfach fließt (siehe Jes 26,3). Wir müssten uns nicht mit annähernd so viel Krankheit und anderen Problemen herumschlagen. Alles im Leben würde um so vieles besser laufen!

Beziehung zu Gott

Bedauerlicherweise hat die Gemeinde in hohem Maße zu diesem Problem beigetragen, indem sie den Menschen Schuldgefühle und Verurteilung aufbürdet und ihnen nichts von der Güte und bedingungslosen Liebe Gottes sagt. Die Gemeinde hat Gebet zu etwas verdreht, was es eigentlich nie hätte sein sollen.

Gebet ist in erster Linie einfach die Beziehung zu Gott. Es ist sicherlich auch angebracht, für andere Fürbitte zu leisten und dem Teufel einen Verweis zu erteilen. Dies sollte aber nur einen sehr kleinen Teil unseres Gebetslebens ausmachen. Gebet sollte einfach nur darin bestehen, dass du Gott deine Liebe zeigst, ihm dankst und Zeit mit ihm verbringst.

Ist dir klar, dass Adam und Eva keine Gebetsanliegen hatten? Ja, genau. Denn im Garten Eden, vor dem Sündenfall, waren kein Glaube und auch kein hoffnungsvolles Bitten um Kleidung, um Unterkunft und noch nicht einmal um Nahrung nötig. Alles war schon da. Das Klima war perfekt. Es gab keine Regierung, über die man sich hätte beschweren können. Man musste nicht für Erweckung beten. Was macht eine Person, die nicht um all die Dinge bitten muss, für die wir heute beten sollen? Ich glaube, dass Adam und Eva sich einfach jeden Tag mit Gott trafen und ihm sagten: »Danke für diesen schönen Tag. Es ist herrlich! Ich habe heute wieder einige Bäume entdeckt, die ich noch nie zuvor gesehen hatte. Ich habe von ihren Früchte gegessen und dabei die Tiere in der Nähe beobachtet. Gott, du bist großartig!« Sie sprachen einfach mit ihm darüber, wie ihr Tag war.

Nachdem eine Frau meine Lehre mit dem Titel *Ein besserer Weg zu beten* gehört hatte (die es auch in Buchform gibt), gab sie darüber Zeugnis, wie sie diese Wahrheiten in ihrem Leben angewandt hat. Als sie ihren Hund ausführte, entschloss sie sich dazu, Gott für die kleinen Dinge zu danken. Sie dankte ihm für das schöne Wetter, dafür, dass der Frühling kam und es wärmer wurde, und für die Blumen, die sie aufblühen sah. Als sie begann, Gott für all diese Dinge zu danken, habe sie seine Liebe sehr intensiv empfunden, wie sie berichtete. Tatsächlich ging sie doppelt so lange spazieren wie sonst und kehrte nur ungern wieder zu ihren Alltagsverpflichtungen zurück. Nach dem Spaziergang mit ihrem Hund schrieb sie mir eine E-Mail, in der stand: »Ich freue mich so sehr auf morgen und darauf, einfach Zeit mit Jesus zu verbringen und seine Freude und Liebe zu spüren. Ich habe bisher nicht gewusst, dass Gebet so sein kann! Es ging sonst immer darum, etwas zu erbitten oder zu bereuen, oder darum, den Teufel zurückzuweisen oder zu binden.«

Wenn du einfach die Gemeinschaft mit Gott pflegst, wirst du feststellen, dass die Dinge auf übernatürliche Weise zu funktionieren beginnen. Wenn du dem aber nicht folgst, wozu Gott dich in seinem Wort anleitet, und stattdessen gestresst, unglücklich, verbittert, im Unfrieden und voller Unversöhnlichkeit bist, wirst du alle möglichen Probleme haben. Du wirst dann ein Wunder brauchen! Ein Wunder würde diese Naturgesetze überwinden. Wenn du aber in Liebe, Freude und Frieden lebst, wirst du kein Wunder brauchen. Gott liebt uns so sehr, dass er Wunder für uns bereithält. Wenn wir aber lernen würden, mit ihm zu kooperieren, und verstehen könnten, wie man im Segen wandelt, käme es erst gar nicht dazu, dass wir Wunder bräuchten.

KAPITEL 10

Manna

Dasselbe Prinzip, nämlich zu lernen, im Segen zu wandeln, anstatt um Wunder zu betteln, gilt auch für den Bereich Finanzen. Es gibt von Gott geschaffene Gesetze, die regeln, wie materielle Versorgung funktioniert.

Der Herr sagte, dass er das Werk deiner Hände segnen würde.

> *Der HERR wird dem Segen gebieten, dass er mit dir sei in deinen Scheunen und in allem, was du unternimmst, und er wird dich segnen in dem Land, das dir der HERR, dein Gott, gibt.*
> *— 5. Mose 28,8*

> *Der HERR wird dir den Himmel, seinen guten Schatz, auftun, um deinem Land Regen zu geben zu seiner Zeit, und um alle Werke deiner Hände zu segnen. Und du wirst vielen Völkern leihen; du aber wirst dir nichts ausleihen müssen.*
> *— 5. Mose 28,12*

Woran du auch deine Hand legst, Gott wird es segnen. Wusstest du jedoch, dass 100 mal 0 gleich 0 ist? Vielleicht lebst du heute von Sozialhilfe. Wenn ja, habe ich nichts gegen dich. Und ich will dich auch nicht kritisieren. Du kannst tun und lassen, was du willst. Gott liebt dich, und auch ich habe dir gegenüber keine negativen Gefühle. Doch denk mal nach! Du betest dafür, dass Gottes Kraft freigesetzt werden möge, legst aber nirgendwo Hand an – und deine Sozialhilfe kann Gott nicht segnen.

Der eine oder andere mag jetzt denken: *Also, ich werde nicht in irgendeiner Pommesbude arbeiten. Was ich jetzt an Sozialhilfe bekomme, ist höher als der Lohn, den ich dort bekäme.* Der Unterschied ist aber, dass Gott das, woran du deine Hand legst, vervielfachen kann. Sozialhilfe kann er jedoch nicht vervielfachen. Der Herr wird dich nicht durch Sozialhilfe segnen. Wenn du sie zur Überbrückung brauchst, dann tu, was du tun musst. Jeder kann in die Lage kommen, vorübergehend Hilfe zu brauchen. Bleibe dort aber nicht stehen. Gib dich nicht mit weniger als Gottes Bestem zufrieden. Beginne, Glauben dafür zu entwickeln, dass Gott dich als Macher und Mitwirker sehen will. Was Finanzen angeht, weigern sich einige Leute einfach, dafür zu arbeiten.

Wir hatten Schwierigkeiten

Ich hatte die Einstellung, keiner regulären Arbeit nachgehen zu müssen. Als ich dem Ruf in den Dienst folgte, hatte ich zu Beginn die irrige Vorstellung, dass ich mich durch einen normalen Job gegen Gott versündigen würde. Der Herr hatte mich zum Predigen berufen, und ich wollte das tun, wozu ich berufen war. Mein Herz war am richtigen Fleck, doch mein Verstand dachte falsch. Das führte dazu, dass meine Frau und ich beinahe verhungerten!

Als Jamie im achten Monat schwanger war, hatten wir einmal über zwei Wochen lang nichts zu essen – außer Wasser war nichts da. Das lag nicht daran, dass ich nicht hätte arbeiten können; ich dachte einfach, ich täte das Richtige, wenn ich nicht arbeitete und stattdessen dem Dienst nachginge. Im Rückblick ist mir jetzt klar, dass ich mich nicht an Gottes Gesetze gehalten hatte.

So hat der Herr auch angeordnet, dass die, welche das Evangelium verkündigen, vom Evangelium leben sollen.
— 1. Korinther 9,14

Ich predigte das Evangelium nicht. Ich war dazu berufen worden, hatte aber noch keine Gruppe. Ich diente niemandem und hätte also auch nicht erwarten sollen, davon zu leben.

Dann fing ich an zu predigen und eine Bibelstunde mit fünf bis zehn Leuten abzuhalten. Da ich nur fünf bis zehn Leuten diente, hätte ich nicht erwarten sollen, in Vollzeit »vom Evangelium zu leben«. Ich hätte es wie Paulus machen sollen, der Zelte fertigte, um sein Einkommen aufzubessern (Apg 18,3). Ich tat es aber nicht. Deswegen steckten Jamie und ich mindestens fünf Jahre lang in einer finanziellen Krise. Etwa zehn Jahre lang mussten wir ständig kämpfen und wären fast umgekommen, nur weil ich zu dumm war, zu begreifen, dass man nicht erwarten kann, »vollzeitig« vom Evangelium zu leben, wenn man keinen Vollzeit-Dienst hat.

Dank sei Gott für Jamie! Es gibt wohl kaum eine andere Frau auf dem Planeten, die mit mir das durchgestanden hätte, was ich sie durchmachen ließ. Hätte sie mich jemals kritisiert und gesagt: »Warum suchst du dir keine Arbeit?«, wäre es mit mir wohl aus gewesen. Ich wäre wahrscheinlich auf der Stelle gestorben. Ich fühlte mich ohnehin schon schrecklich, aber Tatsache ist, sie hat mich nie kritisiert. Kein einziges Mal hat sie etwas gesagt. Sie blieb einfach an meiner Seite und tat das, was Gott uns meinem Gefühl nach aufgetragen hatte.

Wir lebten von Wunder zu Wunder. Es konnte passieren, dass es an der Tür klingelte und eine mit Lebensmitteln gefüllte Tüte auf unserer Veranda stand. Niemand war da – und die Zeit bis zum Türöffnen war eigentlich zu kurz, um sich unbemerkt wieder zu entfernen. Ich weiß nicht, wohin unsere Wohltäter jeweils verschwunden sind! Die Lebensmittel tauchten wie aus dem Nichts auf, genauso lag überraschend Geld im Briefkasten. Es geschah auch, dass Leute uns segneten, indem sie uns per Brief ohne Absenderadresse Geld schickten. Es war einfach plötzlich da.

Keine finanziellen Barrieren

Wir hätten Anspruch auf Lebensmittelkarten gehabt. Unser Jahreseinkommen im ersten gemeinsamen Jahr lag bei 1253 Dollar und allein unsere Miete belief sich auf 100 Dollar pro Monat. Ich weiß nicht, wie wir überhaupt überleben konnten. Im zweiten Jahr waren es ungefähr 2300 Dollar. Wir hätten Lebensmittelkarten, Sozialhilfe oder andere Unterstützung durch den Staat bekommen können, aber ich glaubte einfach weiterhin daran, dass es etwas Besseres gab als Hilfen zum Lebensunterhalt oder staatliche Unterstützung. Ich vertraute Gott. Ich stellte mich dabei nicht gerade gut an, hatte aber zumindest ein Ziel!

Einmal gingen wir mit sieben Dollar und einem Gutschein in den Supermarkt, wobei wir beteten und Gott vertrauten, denn wir hatten schon lange nichts mehr gegessen. Wir brauchten dringend Nahrung! Irgendwie kamen wir mit Coupons im Wert von zehn Dollar und mit sieben Einkauftüten voller Lebensmitteln wieder aus dem Laden heraus. Zu Hause versuchten wir herauszufinden, wie das möglich war, aber ohne Erfolg. Es passierten ungewöhnliche Dinge, und es war übernatürlich. Es ist ein Wunder, dass wir überlebt haben!

Einmal besuchten wir Christ for the Nations (CfN) und hörten einem Prediger zu, der über Wohlstand sprach. Ich erinnere mich noch, wie ich am Büchertisch stand und beim Blick auf die Lehrkassetten dachte: *Die würden mein Leben verändern!* Ich konnte sie aber nicht kaufen. Ich blickte zu Jamie, die Tränen in den Augen hatte. Auch sie wusste, dass diese Bibellehren uns helfen könnten. Sie war sich aber schmerzlich bewusst, dass wir sie uns nicht leisten konnten. In jenem Moment traf ich einen Entschluss. Ich betete: »Gott, wenn du mir jemals aus deinem Wort etwas aufzeigst, das anderen Menschen helfen könnte, werde ich ihnen den Zugang dazu niemals aus finanziellen Gründen verwehren.« Aus diesem Grund verteilen wir so viel von unserem Material kostenfrei – Millionen von CDs, DVDs und Büchern. Allein auf unserer Internetseite zählen wir im Durchschnitt jeden Monat Hunderttausende von kostenlosen Downloads. Der Herr hat es uns ermöglicht, im Laufe der letzten vier Jahrzehnte mehrere Millionen Sets verschiedener Bibellehrmaterialien kostenlos herauszugeben. Halleluja! Gepriesen sei sein Name!

Nach dieser Veranstaltung über Wohlstand ging uns in der Innenstadt von Dallas der Sprit aus. Es war ungefähr 23 Uhr und draußen war es kalt! Ich wusste nicht, was ich tun sollte. Wir hatten kein Geld. Also legte ich meine Hände auf das Auto und befahl ihm im Namen Jesu, zu laufen. Es sprang wieder an und ich fuhr mit dem Auto anschließend noch eine Woche lang, bis ich wieder Geld zum Tanken hatte. Das war ein Wunder!

Ich hatte nicht genügend Geld, um dieses Auto mit Frostschutzmittel zu befüllen, also fror das Kühlwasser im Motorblock ein, wodurch er einen Riss bekam. Der Riss war deutlich zu sehen und Wasser rann aus dem Motorblock. Ich hatte nicht das nötige Geld für eine Reparatur, also betete ich einfach für das Auto. Wir fuhren in dem Auto über ein Jahr lang mit dem Riss im Motorblock herum. Es war ein Wunder! Es gab keine Erklärung dafür. Wir erlebten Wunder auf Wunder.

»Ganz sicher nicht.«

Nachdem wir nach Colorado gezogen waren, dachte ich während einer Autofahrt über all diese Dinge nach. Ich sagte: »Gott, früher haben wir ständig Wunder erlebt. Wir mussten jeden Tag beten, sonst hätten wir nichts zu essen auf dem Tisch gehabt. Jetzt ist es aber schon Jahrzehnte her, dass ich ein Wunder erlebt habe. Es ist lange her, dass ich meine Hände auf unser Auto legen musste, damit es ohne Sprit weiterfährt, und wir sind auch schon lange nicht mehr hungrig gewesen, sodass wir nicht auf wundersame Weise mit Lebensmitteln versorgt werden mussten.« Als ich darüber betete, dachte ich: *Was stimmt bloß nicht? Früher habe ich an jedem Tag meines Lebens ein Wunder erlebt!*

Dann sprach der Herr zu mir und fragte: »Wäre es dir lieber, wenn alles wieder so wie damals wäre?«

Ich antwortete: »Ganz sicher nicht. Das wäre mir nicht lieber. So gefällt es mir besser.«

Wenn heute etwas mit meinem Auto nicht in Ordnung ist, lasse ich es reparieren oder kaufe ein neues. Was ist also besser? Etwa beten, standhaft bleiben und das Wort bekennen können und – Bumm! – aus heiterem Himmel schenkt dir jemand einfach ein nagelneues Auto? Das wäre ein prächtiges Wunder. Lieber wäre mir aber, genügend Geld auf der Bank zu haben, um mir ein Auto kaufen zu können, wenn ich eines benötige.

Dieses Beispiel zeigt einen der Unterschiede zwischen einem Segen und einem Wunder. Ein Wunder erfordert *die Aufhebung oder Aussetzung von Naturgesetzen.* Gott hat diese Naturgesetze geschaffen. Er hebt sie nicht willkürlich auf oder setzt sie beliebig außer Kraft, denn ursprünglich wurden sie dazu geschaffen, gut zu sein. Wenn du also von Wunder zu Wunder leben willst, wirst du von Krise zu Krise leben. Es muss eine ernste Notlage in deinem

Leben geben, bevor dir Gott ein Wunder gewährt. An Wunder zu kommen ist nicht so einfach, also leben diejenigen, die um ein Wunder nach dem anderen beten, von einer Krise zur nächsten.

Ich treffe immer wieder auf solche Leute. Sie befinden sich in einer verzweifelten Lage und wollen, dass ich für sie bete, obwohl sie doch sämtliche Gesetze Gottes missachtet haben. Es gibt nämlich nicht nur natürliche, physikalische Gesetze, sondern eben auch geistliche Gesetze wie jene im finanziellen Bereich:

- Was wir in die Hand nehmen, wird er segnen (5Mo 28,8);
- Wenn wir nicht arbeiten, werden wir auch nichts zu essen haben (2Thess 3,10);
- Hundert mal Null ist gleich Null (1Mo 26,12).

Und man könnte noch viele weitere solcher geistlichen Gesetze aufzählen. Diese Menschen, die zu mir kommen und verzweifelt um Gebet bitten, tun nicht, was das Wort ihnen sagt; sie arbeiten nicht. Sie sind deprimiert, entmutigt und verbittert. Sie sind wütend und voller Unversöhnlichkeit. Sie missachten sämtliche geistlichen Gesetze und leben ständig im Krisenmodus, weil sie sich nicht an das halten, was Gott uns in seinem Wort aufträgt.

Trifft diese Beschreibung auf dich und deine gegenwärtige Lage zu? Missachtest du geistliche Gesetze? Lebst du andauernd in einer Krise? Hast du dich an das gehalten, was Gott dir aufgetragen hat? Gott liebt dich genauso, wie er Jamie und mich liebt. Er ließ Wunder geschehen, weil er nicht wollte, dass wir verhungern. Doch weißt du was? Es gab ein systembedingtes Problem mit unseren Finanzen und das könnte auch bei dir der Fall sein.

Ein besserer Weg

Bist du jemand, der ständig finanzielle Probleme hat? Betest du und erhältst daraufhin ein Wunder, aber kurz darauf stehst du vor dem gleichen Problem? Wenn man eine Pflanze über dem Boden abschneidet, ohne die Wurzeln zu beseitigen, wird sie nachwachsen. Wunder können einen bei Bedarf versorgen, aber die Wurzel des finanziellen Problems bleibt bestehen, solange man sich damit noch nicht befasst hat. Falls das auf dich zutreffen sollte, wirst du nächsten Monat und nächstes Jahr erneut ein Wunder brauchen, weil du es nicht gelernt hast, dein Leben von Gottes Gesetzen bestimmen zu lassen. Deswegen lebst du von Krise zu Krise und brauchst Wunder um Wunder. Es gibt einen besseren Weg: das Leben in Gottes Segen. Du lernst, wie man Gottes Wort nach Erfolg hat, und setzt dann das Erlernte in die Praxis um.

Es gibt jedoch auch einige natürliche, physische Dinge, die du lernen und tun musst. Ich habe Gott mein ganzes Leben lang geliebt. Ich habe mich mit acht Jahren bekehrt und strebte fortan nach dem Herrn. Zwar durchlebte ich eine kurze Phase der Rebellion, aber mit achtzehn Jahren hatte ich eine übernatürliche Begegnung mit Gott und seither diene ich ihm vollzeitlich. Obwohl von Anfang an viele gute Dinge geschahen, hatte unser Dienst ständig zu kämpfen. Wir hatten Schulden, und Gläubiger machten uns ständig Stress und drohten damit, die Schließung des Dienstes zu erzwingen. Wir waren permanent im Krisenmodus.

Paul Milligan stieß 1996 zu meinem Dienst und brachte seinen Buchhalter mit ins Team. Er sagte: »Wir sind hier, um dir zu helfen.« Nach zwei Tagen ließen sie mich wissen: »Etwas stimmt hier ganz und gar nicht. Der Buchhaltung nach bist du bankrott. Du solltest eigentlich gar nicht in der Lage sein, die Sache am Laufen zu halten. Wir werden uns das näher anschauen und herausfinden, was los ist.«

Paul brachte mir neben vielen anderen Dingen das Konzept der Just-in-Time-Produktion bei. Er nahm mich mit in einen Lagerraum und sagte: »Du hast in diesem Raum 150.000 Dollar herumliegen.« Das war zu einer Zeit, als die Einnahmen unseres Dienstes bei vielleicht 30.000 bis 40.000 Dollar pro Monat lagen. Ich fragte: »Wo denn?« Er zeigte auf all die Bücher, Audio-Sets und anderen Produkte, die wir auf Lager hatten. Ich hatte eine Studienbibel, deren Herstellungskosten etwa 14 Dollar pro Stück betrugen. Um den Preis auf 7 Dollar zu drücken, hatte ich gleich 10.000 Stück davon gekauft. Ich war der Meinung, ich hätte gut gewirtschaftet, denn schließlich hatte ich den Einkaufspreis halbiert und dadurch eine Menge gespart! Paul zeigte mir jedoch ein anderes Bild: Ich hatte Waren mit einem Einkaufswert von 150.000 Dollar einfach so in den Regalen herumliegen. Wenn der Einkauf jedoch auf Just-in-Time-Produktion setzt, hält das den Warenbestand klein. Man zahlt zwar einen höheren Stückpreis, aber 150.000 Dollar bleiben zur freien Verfügung, anstatt irgendwo im Regal zu lagern. Seit er mir damals im Jahr 1996 dieses Prinzip aufgezeigt hat, war unser Dienst nie wieder mit irgendeiner Zahlung im Rückstand!

Es gab im Bereich Finanzen einige Dinge, die natürlichen Gesetzen unterlagen, über die ich nicht Bescheid wusste, die aber einen Riesenunterschied ausmachten. Neben natürlichen Gesetzen gibt es auch emotionale und geistliche Gesetze, die von Gott geschaffen wurden. Er sagte, dass sie zum Guten dienen. Sie sind für uns von Nutzen, wenn wir sie kennenlernen und anwenden.

In Gottes Segen zu wandeln, erfordert deine Mitwirkung. Du musst dir den Zugang dazu durch Glauben verschaffen. Der Empfang eines Wunders hingegen hängt im Grunde davon ab, wie verzweifelt du bist. Wenn du nicht aufgibst und weiterhin auf Gott vertraust, kannst du ein übernatürliches Eingreifen erleben, aber das wird dann erst nach einer Krise geschehen. Wenn du von Wunder zu Wunder lebst, wirst du von Krise zu Krise leben.

Im Gegensatz zum Segen ist ein Wunder nur vorübergehend; es wird nie zur Regel für deinen Alltag werden. Gott schuf natürliche und geistliche Gesetze, nach denen wir leben sollen. Wenn du ein Wunder erlebt hast – ein vorübergehendes Eingreifen –, wird Gott danach alles wieder auf die natürlichen, geistlichen Gesetze zurücksetzen.

Das geschieht mit manchen Menschen, wenn sie Krebs bekommen oder auf andere Weise akut erkranken. Im Natürlichen geht es um Leben oder Tod. In dieser Situation bekommt ihr Glaube einen kräftigen Schub, sie vertrauen Gott und werden durch ein Wunder geheilt. Doch das, was die Krankheit überhaupt hat Fuß fassen lassen – falsches Denken, Unversöhnlichkeit, Bitterkeit oder ein anderer der vielen möglichen Gründe –, bleibt ungelöst. Die Wurzel des Problems bleibt unberührt und mit der Zeit stellt sich das körperliche Leiden mit voller Wucht wieder ein. Also ist das Wunder, das eine solche Person empfängt, nur vorübergehend. Es hat keinen Bestand, weil die Grundursache nie Beachtung gefunden hat.

Das bei weitem am längsten andauernde Wunder, das in der Bibel festgehalten wurde, ist das Wunder der Versorgung mit Manna (2Mo 16). Gottes Volk war in einer Krisensituation. Die Israeliten waren in einer Wüste und es gab dort nichts Essbares.

Gott bescherte ihnen dieses Manna, und es war vollkommen übernatürlich:

Menschen aßen Engelsbrot. — Psalm 78,25

Es war ein Wunder! Im Laufe der Jahre haben sich gewisse Leute darum bemüht, eine natürliche Erklärung für dieses Manna zu finden, etwa, dass es das Sekret eines Käfers gewesen sei. Das war es aber nicht. Die Israeliten mussten jeden Tag eine bestimmte Menge Manna aufsammeln. Wenn sie mehr sammelten, um es für den nächsten Tag aufzubewahren, war es am Morgen von Würmen durchsetzt und stank. Am sechsten Tag aber, zuverlässig wie ein Uhrwerk, konnten sie die doppelte Menge des Gewöhnlichen auflesen, und diese verdarb nicht. So konnten sie Gottes Gebot, am siebten Tag zu ruhen, befolgen. Das war nicht natürlich – es war übernatürlich! Gott versorgte sie auf übernatürliche Weise mit allem, was sie brauchten. Doch das war vorübergehend und dauerte nur während der vierzig Jahre an, die sie in der Wüste verbrachten.

Gerade genug

Während nun die Kinder Israels sich in Gilgal lagerten, hielten sie das Passah am vierzehnten Tag des Monats, am Abend, in den Ebenen von Jericho. Und am Tag nach dem Passah aßen sie von dem Getreide des Landes, nämlich ungesäuertes Brot und geröstetes Korn, an ebendiesem Tag. Und das Manna hörte auf am folgenden Tag, als sie von dem Getreide des Landes aßen; und es gab für die Kinder Israels kein Manna mehr, sondern in jenem Jahr aßen sie vom Ertrag des Landes Kanaan. — Josua 5,10–12

Das Manna hatte irgendwann ein Ende. Heute kannst du kein Manna bekommen. Du kannst dafür beten und sagen: »In der Bibel steht, dass es das gegeben hat. Gelobt sei Gott, ich werde welches bekommen!« Die Kinder Israels befanden sich in einer besonderen Krisensituation. Du bist nicht in dieser Krisensituation, also bekommst du auch kein Manna. Es war vorübergehend. Für dich wird sich das nicht wiederholen. Manna war ein Wunder zu seiner Zeit. Diese Zeit ist nun aber vorbei.

Hier ist ein weiterer Unterschied zwischen einem Segen und einem Wunder: Ein Wunder ist immer auf eine einzelne Not begrenzt. Es wird nie kontinuierlich die ganze Fülle bringen. Das war ganz gewiss auch beim Manna so. Die Israeliten beschwerten sich bei Mose darüber. Sie sagten: »Unsere Seele hat einen Ekel vor dieser elenden Speise!« (4Mo 21,5). Sie hatten das Manna satt – Manna zum Frühstück, Manna zum Mittagessen und Manna zum Abendessen. Manna stillte ein Bedürfnis, es stellte aber keinen Überfluss dar.

Vergleiche das mal mit dem Land der Verheißung. Dort gab es alle Arten von Früchten und Fleisch, die man essen konnte. Denke an die Kostprobe, mit der die Botschafter zurückkehrten: eine Weintraube, die so groß war, dass sie von zwei Mann an einer Stange getragen werden musste (4Mo 13,23). Einen solchen Überfluss wies das Land auf! Dort war eine Weintraube im Vergleich zu den heutigen riesig. Vielleicht waren die einzelnen Weinbeeren so groß wie Äpfel. Kannst du erkennen, wie gewaltig der Überfluss gewesen sein muss?

Der Segen Gottes kommt durch natürliche Dinge. Er wächst und braucht Zeit. Du musst einen Samen pflanzen und ihn wässern. Das erfordert einige Anstrengung. Das Übermaß zeigt sich bei Segen aber deutlicher als bei einem Wunder.

Vorübergehend

Ich rede mit vielen Leuten und stelle die gleichen Muster bei Gottes heutigem Volk fest. Die Israeliten, die am Ende ins Gelobte Land zogen, kannten nichts anderes als Manna. Mit Ausnahme von Josua und Kaleb gab es keine über Sechzigjährigen mehr; sie waren alle in der Wüste gestorben. Die große Mehrheit derer, die das Gelobte Land betraten, war während der vierzig Jahre in der Wüste zur Welt gekommen und aufgewachsen. Sie hatten nie etwas anderes als Manna gegessen. Sie lebten von Wundern. Als also das Manna aufhörte, suchten tags darauf einige von ihnen – wie gewohnt – nach Manna. Ihr ganzes Leben lang hatten sie von Wundern gelebt. Sie hatte nicht vor, Löcher in die Erde zu graben, Samen zu säen, die Saat zu bewässern, den Boden unkrautfrei zu halten und geduldig auf die Ernte zu warten. Vielleicht sagten sie ja: »Ich lasse mich von euch nicht zum Arbeiten zwingen. Schließlich bin ich ein Mensch des Glaubens! Ich glaube an übernatürliche Wunder!« Aber weißt du was? Die Tage der wundersamen Nahrungsversorgung waren vorbei. Das Wunder war nur eine vorübergehende Sache.

Gott will nicht, dass du von Wundern lebst. Seinem Plan entsprechend sollst du im Segen leben. Segen ist ergiebiger und schützt vor Krisen, während ein Wunder als Antwort auf eine Krise auftritt. Segen ist nicht vorübergehend, er besteht ewig.

Im weiteren Verlauf dieses Buches werde ich dir zeigen, dass du Gottes Segen nicht aufheben kannst, wenn du erst einmal Zugang dazu hast, und selbst Satan kann ihn nicht aufhalten. Sobald du in Gottes Segen bist, ist er nicht mehr aufzuhalten und zeigt sich um ein Vielfaches ergiebiger. Der Überfluss des Landes Kanaan war sehr viel besser als das bisschen Manna. Auch wenn das Manna übernatürlich war und von Gott zur Verfügung gestellt wurde, so war es doch nur eine vorübergehende und keineswegs im Überfluss vorhandene Versorgung.

Gott lässt für dich Wunder geschehen, weil er dich so sehr liebt, dass er dir unbedingt helfen will. Doch du brauchst nur deshalb überhaupt ein Wunder, weil du geistliche oder natürliche Gesetze missachtet hast. Gott liebt dich und will dich am Leben erhalten. Gott ließ bei Jamie und mir aufgrund meiner eigenen Dummheit jahrelang Wunder um Wunder geschehen. Er hielt mich am Leben. Nun aber hat er mich gelehrt, wie man im Segen lebt. Er hat mir gezeigt, wie man Gottes Gesetze anwendet, und der Segen ist weitaus ergiebiger. Jetzt geht es uns sehr viel besser. Ich würde nicht wieder von Wunder zu Wunder leben wollen.

Wunder sollten für Menschen wie beispielsweise frisch Bekehrte sein, die noch nicht wissen, wie man im Segen lebt. Gott lässt sie ein Wunder erleben, weil ihr Herz noch nicht völlig im Reinen ist und ihr Leben noch nicht vom Wort geformt wurde. Sie sind nicht von Freude bestimmt. Sie tragen immer noch Bitterkeit und Unversöhnlichkeit mit sich herum. Wir brauchen also gottlob nur für diejenigen Menschen Wunder, die von den geistlichen und natürlichen Gesetzen noch keine Kenntnis haben und somit auch nicht wissen, wie man sie anwendet. Um ihretwillen müssen Wunder stattfinden.

Wenn du das, was ich hier sage, wirklich verstehst, sollte es dich dazu bringen, dass du sagst: »Gott, hilf mir dabei, nie wieder in meinem Leben ein Wunder zu benötigen. Vater, lehre mich das, was ich wissen muss, damit ich meinen Lebensweg in deinem Segen gehen und Krisen vermeiden kann. Und während ich in der Fülle deines Segens lebe, lass mich ein Gefäß sein, durch das du auf andere Menschen, die es brauchen, deine Wunder ausgießen kannst. Amen.«

KAPITEL 11

Ausgesprochene Gunst!

Der Segen des Herrn macht reich, und eigene Mühe fügt ihm nichts hinzu. — Sprüche 10,22

Wusstest du, dass du auch außerhalb von Gottes Segen erfolgreich sein kannst? Klar, du kannst deine ganze Zeit und Energie auf zwei oder drei Jobs aufteilen. Du kannst deinen Lebensunterhalt durch Lügen, Betrügen und Stehlen bestreiten. Es gibt Möglichkeiten, ohne Gott erfolgreich zu sein, es kostet dich aber das Leben (Spr 1,19). Es macht dich bitter, wütend, müde und reibt dich irgendwann auf. Und es verschafft Satan Zugang zu deinem Leben. Der Segen des Herrn aber macht dich reich, und eigene Mühe fügt ihm nichts hinzu.

Wenn du ein Verständnis für Gottes Segen bekommst – was er für dich bereitgestellt hat und wie man darauf zugreift –, wird es dich reich machen. Obwohl meine Frau und ich aufgrund meiner eigenen Dummheit eine Zeit lang in Armut gelebt haben, lehrte Gott mich einige Dinge, und mittlerweile habe ich gelernt, mit ihm an einem Strang zu ziehen. Heute müssen wir nur für das Hauptbüro unseres Dienstes in den USA bereits über 40 Millionen Dollar pro Jahr aufwenden, um alles am Laufen zu halten. In Anbetracht der Baukosten für den neuen Bibelschul-Campus hat sich dieser Betrag inzwischen verdoppelt, sodass wir uns auf Kosten von 100 Millionen Dollar pro Jahr zubewegen – und wir verschenken unser Material! Ja, es gibt einen empfohlenen Spendenbetrag für unsere Produkte, aber über die Hälfte der Leute, die uns kontaktieren, zahlen keinen Cent dafür, und wir senden ihnen das Lehrmaterial kostenfrei zu. Wir verschenken Sachen und sind gesegnet!

Gott hat mich gelehrt, wie man Erfolg hat. Man kann durch Gott Erfolg haben, ohne sich die Finger wund zu arbeiten und sich selbst unter Druck zu setzen. Nach letztem Stand beträgt die einzubringende Summe 5000 Dollar pro Stunde, 24 Stunden am Tag, 7 Tage die Woche, 365 Tage im Jahr. Und weißt du was? Ich schlafe gut. Erst heute Nachmittag habe ich ein Nickerchen gemacht. Diese Dinge halten mich nicht wach. Sie bereiten mir keine Sorgen und stressen mich nicht, weil es keine große Sache ist. Der Segen des Herrn macht dich reich!

»Du kannst wählen«

Schau dir an, was Gott zu Abraham sagte: »Ich will … dich segnen und deinen Namen groß machen, und du sollst ein Segen sein« (1Mo 12,2).

Du kannst kein Segen sein, ohne selbst gesegnet zu sein. Wenn du nicht gesegnet bist, kannst du kein Segen für andere sein.

Der obige Segen beruhte nicht auf Abrahams Rechtschaffenheit. Später, im selben Kapitel, lesen wir, dass eine Hungersnot entstanden war und Abraham sich dazu entschloss, nach Ägypten hinab zu ziehen (1Mo 12,10–20). Aus Angst, dass ihn jemand umbringen könnte, um seine schöne Frau Sarah in die Finger zu bekommen, log Abraham und behauptete, sie sei seine Schwester. Also nahm der Pharao Sarah in seinen Harem auf und wollte sie zu seiner Frau machen. Und mit wem setzte sich Gott in dieser Sache auseinander?

Aber der HERR schlug den Pharao und sein Haus mit großen Plagen um Saras, der Frau Abrahams, willen. — 1. Mose 12,17

Abraham machte dasselbe ein zweites Mal, und zwar mit König Abimelech in Gerar (1Mo 20,1–18). Wen wies Gott zurecht? Nicht Abraham, sondern den König. Gott warnte ihn im Traum: »Du bist des Todes, weil sie die Frau eines anderen Mannes ist. Wenn du sie berührst, wirst du sterben.« Der König ging zu Abraham und rief: »Warum sagtest du, sie sei deine Schwester?« Abraham antwortete: »Weil ich Angst hatte, du würdest mich töten.« Gott wies also sowohl den Pharao als auch König Abimelech zurecht und beschenkte Abraham mit Knechten, Rindern und Schafen. Abraham hat nicht nur über seine Frau gelogen, sondern sich dadurch in gewisser Weise sogar zu ihrem Zuhälter gemacht. Er erwarb großen Wohlstand, indem er nicht ein, sondern gleich zwei Mal seine Frau jemand anderem gab! Gott segnete ihn, und er war der Gesegnete des Herrn. Abraham wurde zu einem der reichsten Männer auf Erden, nicht weil er ein aufrechter und perfekter Mensch gewesen wäre, sondern weil er glaubte, dass er gesegnet war.

Weil Abraham glaubte, dass er gesegnet war, konnte er Lot das bessere Land überlassen (1Mo 13,1–11). Onkel und Neffe waren beide jeweils so wohlhabend, auch an Vieh, dass sie nicht länger miteinander auskommen konnten. Ihre Männer stritten sich um das Weideland, sodass Abraham schließlich erklärte: »Du kannst wählen. Du siehst das ganze Land vor dir. Entscheide, wohin du gehen willst. Wenn du hinab zur Jordanaue gehen willst, wo alles gut mit Wasser versorgt ist und die Vegetation üppig wächst, kannst du sie haben. Sie gehört dir, und ich wähle die Wüste. Oder falls du dir die Wüste aussuchst, nehme ich das andere.« Das zeigt, dass Abraham Gott vertraute.

Das, was übrig bleibt

Falls du jemals Tiere gehalten hast, wirst du das verstehen. Die meiste Zeit meines Lebens hatte ich Pferde. Beim Kauf von Land habe ich immer darauf geachtet, ob das Gras von unten gut bewässert war oder ob es gutes Weideland gab. Für jemanden, der Tiere weidet, wäre es verrückt zu sagen: »Willst du dieses wasserreiche Land haben, das fruchtbar ist, oder willst du die Wüste?«

Ich bin in dem Teil von Israel gewesen, wo Abraham und Lot dieses Gespräch führten. Heute gibt es bei Hebron nur alle paar Meter einen Grashalm. Dennoch wird vom Land von Sodom und Gomorra berichtet, dass es – bevor Gott es zerstörte – dem Garten von Eden glich (1Mo 13,10). Es war wasserreich und üppig. Abraham sagte: »Suche dir deinen Weg aus.« Für Lot verstand es sich natürlich von selbst, das gute Land zu wählen.

Wieso konnte Abraham dies tun? Weil für ihn nicht nur natürliche Dinge eine Rolle spielten. Gott war seine Quelle und er gehorchte ihm. Abraham glaubte, dass er gesegnet war, weshalb er sagen konnte: »Nimm du den Teil, den du möchtest, und ich werde trotzdem mehr Wohlergehen haben.«

Man könnte das heutzutage mit Handelsvertretern vergleichen, die zwischen zwei Verkaufsgebieten wählen können – ein Gebiet, in dem jeder schnell Geld scheffeln kann, und ein anderes, in dem noch niemand Profit machen konnte. Anstatt um das gute Gebiet zu streiten, sagt der eine Vertreter zum anderen: »Hey, ich überlasse dir die Entscheidung. Ich bin gesegnet. Ich nehme das, was übrig bleibt, und werde mehr Erfolg haben als jeder andere.« Diese Person sieht Gott als Quelle an, anstatt nur auf sich selbst und eigene Anstrengungen zu vertrauen.

In 1. Mose 13 wird uns aufgezeigt, dass Abraham an den Segen glaubte und er deswegen Erfolg hatte. Wie im folgenden Kapitel zu lesen ist, nahm Abraham 318 Knechte, die in seinem Haus geboren worden waren und kampferprobte Soldaten waren (es muss auch Väter, Mütter und Kinder gegeben haben; ich bin mir sicher, dass er weit über 1000 Sklaven hatte). Mit diesen besiegte er vier Könige, also lediglich mit den Knechten, die in seinem Haus geboren worden waren! Die Siegesbeute entsprach einer Summe von vielen Millionen Dollar. Abraham gab Melchisedek, dem König von Salem, den Zehnten. Dann sagte der König von Sodom: »Gib uns einfach nur unsere Frauen und Kinder zurück und behalte die Beute für dich.« Abraham antwortete: »Ich hebe meine Hand auf zu dem Herrn, dass ich niemandem auch nur einen Schuhriemen wegnehmen will, damit man nicht sagen kann, Abram ist hieran reich geworden. Gott ist meine Quelle!« Er gab also Beute im Wert von Abermillionen Dollar zurück, die ihm durch Eroberung rechtmäßig zustand, und der Grund war, dass sein Glaube Gott galt (1Mo 14,14–23). Abraham glaubte an den Segen und es war Gottes Segen, der ihn reich machte (Spr 10,22).

»Wie konntest du nur?«

Gott hat gesagt, dass er dich segnen wird (5Mo 15,6). Ich bete, dass du das verstehst!

Ich wuchs als introvertierter Mensch auf, viel zu schüchtern und zu verlegen, um einer Person in die Augen zu schauen. Ich stellte mich nicht gerade gut an und glaubte auch nicht, dass ich überhaupt irgendetwas konnte. Ich war bereits von neuem geboren, als ich am 23. März 1968 eine übernatürliche Begegnung mit dem Herrn hatte. Danach war ich aber überzeugt, dass ich gesegnet war und dass alles, was ich in die Hand nähme, Erfolg haben würde (5Mo 28,8). Es dauerte zwar eine Weile, aber dann stellte sich der Segen ein. Aufgrund meiner eigenen Dummheit hatten Jamie und ich fünf, eigentlich sogar zehn Jahre lang zu kämpfen gehabt, aber niemand hätte jemals geahnt, dass wir arm waren. Ich erzählte es niemandem. Ich verhielt mich nicht arm und redete auch nicht so. Meine Mundwinkel zeigten nicht nach unten und ich hatte auch keinen traurigen Blick.

Tatsächlich wusste Jamies Vater nichts davon, wie sehr wir kämpften. Als wir vor einigen Jahren das Gebäude unseres Dienstes in Colorado Springs einweihten, sprach ich auch über dieses Thema, um Gott die Ehre zu geben für das, was er getan hatte. Ich gab Zeugnis darüber, wie der Herr es uns ermöglicht hatte, das Gebäude schuldenfrei zu errichten. Wir priesen Gott dafür und erzählten Geschichten aus unseren »Armutstagen«, um dadurch einen Vergleich zu schaffen und zeigen zu können: »Nicht ich habe es erreicht, sondern Gott hat es getan.« Jamies Vater kam auf die Bühne und tadelte mich mit den Worten: »Wie konntest du nur? Hätten wir davon gewusst, dann hätten wir euch geholfen. Du hast uns schlecht dastehen lassen!« Nicht mal unsere Verwandtschaft wusste von unseren Schwierigkeiten. Niemand wusste es. Wir haben es niemandem gesagt, weil wir glaubten, gesegnet zu sein – auch wenn wir es nicht sehen konnten.

Ich brauchte eine Weile, um einige Dinge zu verstehen, weil ich ein langsamer Lerner bin. Aber weißt du was? Jetzt sind wir gesegnet. Heute setze ich viel mehr von Gottes geistlichen Gesetzen um, und sein Segen ist in übernatürlicher, überfließender Weise ersichtlich geworden. Aber auch damals schon glaubten wir, dass wir gesegnet waren. Du musst glauben!

Nichts Sächliches

Ein Segen ist keine Sache. Er ist vielmehr die von Gott über dich ausgesprochene Gunst.

> *Christus hat uns losgekauft von dem Fluch des Gesetzes, indem er ein Fluch wurde um unsertwillen (denn es steht geschrieben: »Verflucht ist jeder, der am Holz hängt«), damit der Segen Abrahams zu den Heiden komme in Christus Jesus, damit wir durch den Glauben den Geist empfingen, der verheißen worden war. — Galater 3,13–14*

Abrahams Segen gehört nun uns. Dieser Segen, der Abraham von Gott zuteilwurde, machte ihn sehr wohlhabend. Wenn wir aber vom Segen lesen, so bezieht sich dieser nicht auf Dinge. Ich habe kein Interesse an Abrahams 4000 Jahre alten Zelten oder seinen Viehherden. Ich will diese Dinge nicht, die jetzt vermodert, verfault oder nur noch Knochenreste sind. Abrahams Segen, der uns als Gläubigen heute gehört, ist die von Gott über uns ausgesprochene Gunst.

Als Gott all die vielen Tiere schuf, »segnete er sie und sprach: Seid fruchtbar und mehrt euch und füllt das Wasser in den Meeren, und die Vögel sollen sich mehren auf der Erde!« (1Mo 1,22)

Gott segnete, indem er den Segen *aussprach.*

> *Und Gott segnete sie; und Gott sprach zu ihnen: Seid fruchtbar und mehrt euch und füllt die Erde und macht sie euch untertan; und herrscht über die Fische im Meer und über die Vögel des Himmels und über alles Lebendige, das sich regt auf der Erde! — 1. Mose 1,28*

Das ist wichtig! Ein Segen ist keine *Sache*. Er ist die von Gott über dich ausgesprochene Gunst.

Sie fürchten sich vor dir!

Weißt du, wovon die Bibel voll ist? Segen – die von Gott ausgesprochene Gunst. Das Wort *Segen* in all seinen Formen kommt in der Bibel ungefähr 500 Mal vor, bei dem Wort *Wunder* ist das nur 37 Mal der Fall (bezogen auf die King-James-Bibel). Sicherlich wurden in der Bibel auch Wunder festgehalten, ohne dass ausdrücklich das Wort *Wunder* verwendet worden wäre. Doch genauso verhält es sich mit vielen segnenden Worten. Die Bibel ist voll von den Segnungen Gottes – seiner auf uns ausgesprochenen Gunst.

Leider leben wir in einer Gesellschaft, in der Worte keine große Bedeutung mehr haben. Noch vor ein oder zwei Generationen sagten die Leute: »Ich gebe dir mein Wort«, und meinten es auch so. Man gab sich die Hand auf etwas und wäre eher gestorben, als sein Wort zu brechen. Heutzutage gibt es dafür Vereinbarungen, Verträge, Abkommen und dergleichen mehr, aber am Ende ignoriert man diese dann einfach und macht doch, was man will. Worte bedeuten den Menschen heute einfach nicht mehr viel.

Die meisten Christen sind in dieser Art von Kultur aufgewachsen. Wir verstehen die Kraft hinter einem Segen nicht. Da wir durch Glauben Zugang zum Segen haben (Röm 5,2), verhindern wir die Auswirkungen des Segens, wenn wir nicht an dessen Kraft glauben.

Der Segen von 1. Mose 1,28 beinhaltet die Vollmacht über jedes Tier auf Erden. Gott sprach zu dir und mir, dass wir über die Tiere herrschen und sie uns untertan machen sollen. Es kam aus seinem eigenen Mund und trotzdem fürchten sich viele Menschen vor Tieren. Die Wahrheit ist: Die Tiere fürchten sich vor dir!

Und Gott segnete Noah und seine Söhne und sprach zu ihnen: Seid fruchtbar und mehrt euch und erfüllt die Erde! Furcht und Schrecken vor euch soll über alle Tiere der Erde kommen und über alle Vögel des Himmels, über alles, was sich regt auf dem Erdboden, und über alle Fische im Meer; in eure Hand sind sie gegeben! — 1. Mose 9,1–2

Du hast die von Gott erteilte Vollmacht, über die Tiere zu herrschen, und doch üben die meisten Christen sie nicht aus. Sie fürchten sich vor allem Möglichen. Stimmt dieser Vers oder nicht? Hat Gott es gesagt? Wenn ja – und das hat er –, wieso lässt du dich dann von Tieren einschüchtern? Fürchtest du dich vor Hunden? Wie sieht es mit Spinnen, Motten und anderem Ungeziefer aus? Falls du Angst haben solltest, dann deshalb, weil du nicht glaubst, dass du gesegnet bist und Herrschaft und Vollmacht über sie hast.

Ich habe Autorität

Auch ich hatte früher Angst vor Hunden. Ich bin jahrzehntelang gejoggt, und eines Morgens um fünf in Alabama war ich gerade wieder unterwegs, als ich mich vor einem ganzen Rudel Hunde auf einen Baum retten musste. Zweieinhalb Stunden lang harrte ich dort aus, bis schließlich um halb acht jemand kam und die Hunde vertrieb. Ich wurde von Hunden gebissen, gejagt und eingeschüchtert, bis ich endlich von dieser Wahrheit Gebrauch machte. Ich bin gesegnet und nun weiß ich, dass ich derjenige bin, der Autorität hat.

Der Aufenthalt bei einem Freund anlässlich einer Veranstaltung, die ich in Trinidad, Colorado, abhielt, hat sehr zu diesem Lernprozess beigetragen. Als es Zeit wurde, schlafen zu gehen, fand ich heraus, dass ich mir das Zimmer mit seinem Pitbull teilte. Ich fragte, was passieren würde, wenn ich nachts aufstehen müsse. Er sagte, sein Hund würde mir nichts tun.

Ich warf einen Blick zum Regal, wo eine Menge Trophäen standen, die sein Hund als »Kampfhund« gewonnen hatte. Mein Freund bemerkte meine Besorgnis und sagte: »Mein Hund ist ein Kampfhund. Er ist kein bösartiger Hund. Mit bösartigen Hunden kenne ich kein Erbarmen.« Ich bat ihn, mir den Unterschied zwischen einem bösartigen Hund und einem Kampfhund zu erklären. Für mich hörte sich das nämlich wie dasselbe an.

Er erzählte mir von einem Vorfall, bei dem ein Dieb in sein Haus einbrach, während er und seine Frau bei der Arbeit waren. Sein Hund griff den Mann an und riss ihn zu Boden. Dort hielt er ihn stundenlang fest, den Arm des Mannes mit dem Maul umschlossen, bis die Familie schließlich wieder nach Hause kam. Während der ganzen Zeit hatte er die Haut am Arm des Diebes nicht einmal oberflächlich verletzt. Wenn der Mann versuchte, sich zu bewegen, knurrte der Hund und übte etwas mehr Druck auf den Arm aus, verletzte ihn aber nie. Das ist ein Kampfhund. Er ist kein bösartiger Hund.

Als ich das hörte, ging mir buchstäblich ein Licht auf. Ich erkannte, dass ich mich von Angst hatte abhalten lassen, meine mir von Gott gegebene Autorität gegenüber Hunden auszuüben. Meine Einstellung änderte sich völlig. Jetzt begegne ich Hunden ganz anders. Ich wehre mich, wenn nötig. Am meisten hatte ich damals vor Dobermännern Angst. Inzwischen kam es aber schon vor, dass ich ein paar Dobermänner die Straße entlang gehetzt habe, die eigentlich hinter mir her waren. Ich lasse aber Weisheit walten. Wenn eine Hündin gerade Junge bekommen hätte, würde ich mich dem Wurf nicht einfach nähern, sondern Abstand halten. Ich werde meinen Verstand gebrauchen und mich nicht wie ein

Idiot verhalten. Wenn ich aber draußen Joggen oder Spazieren gehen will und ein Hund auf offener Straße auf mich zugeschossen kommt, sollte der Hund sich besser verteidigen können, weil ich derjenige mit Autorität und Macht bin. Seit ich diese innere Einstellung habe, hat sich kein Hund mehr gegen mich behaupte können. Ich habe Vollmacht über sie, weil ich glaube, dass ich gesegnet bin. Amen!

Ich habe schon Pferde eingeritten, ohne jeglichen Druck oder Hilfsmittel – einfach indem ich die Autorität über sie ergriff. Vielleicht denkst du: *Das glaube ich nicht.* Deshalb funktioniert es bei dir auch nicht. Aber ich sage dir: Wir besitzen um einiges mehr Autorität, als den meisten von uns bewusst ist. Gott hat dermaßen viele Worte des Segens über uns ausgesprochen; und doch lassen wir sie uns oft einfach entgehen, weil wir nicht dazu erzogen wurden, an die Kraft eines Segens zu glauben.

KAPITEL 12

Fluch oder Segen?

Isaaks beide Söhne, Jakob und Esau, kämpften sogar um den väterlichen Segen (1Mo 27,1–34). Als Isaak alt und dem Hinscheiden nahe war und auch schon seine Sehkraft stark nachgelassen hatte, sagte er zu seinem älteren Sohn, Esau:

> *Siehe, ich bin alt und weiß nicht, wann ich sterbe. So nimm nun dein Jagdgerät, deinen Köcher und deinen Bogen, und geh aufs Feld und jage mir ein Wildbret, und bereite mir ein schmackhaftes Essen, wie ich es gern habe, und bring es mir herein, dass ich esse, damit meine Seele dich segne, bevor ich sterbe! — 1. Mose 27,2–4*

So wie Isaak den Segen von seinem Vater, Abraham, empfangen hatte, wollte auch er den Segen über Esau aussprechen. Isaaks Frau, Rebekka, hörte, wie er dies zu Esau sagte. Sie rief Jakob, ihren anderen Sohn, und sagte: »Schnell, hol die Kleider deines Bruders und zieh sie an! Ich werde die zwei jungen Ziegen schlachten und aus ihnen eine Mahlzeit zubereiten, wie sie dein Vater liebt, damit er dich segnet. Wir werden die Ziegenfelle an deinem Nacken und an deinen Handgelenken befestigen, weil dein Bruder ein behaarter Mann ist.« Esau muss ein wirklich stark behaarter Mann gewesen sein, damit sich ein Ziegenfell wie er anfühlte!

Während sein Bruder noch draußen auf der Jagd war, ging Jakob in Isaaks Gemach und gab vor, Esau zu sein. Sein Vater, der ja nicht gut sehen konnte, sagte: »Deine Stimme ist wie die Stimme Jakobs, aber dein Geruch und wie du dich anfühlst, ist wie Esau.« Anstatt Esau segnete Isaak also Jakob.

»Wer bist du?«

Bald nachdem Jakob hinausgegangen war, kam Esau, brachte seine Mahlzeit und sagte: »Steh auf, Vater. Iss und segne mich.«

Isaak fragte: »Wer bist du?«

»Ich bin Esau, dein erstgeborener Sohn.«

Da entsetzte sich Isaak über die Maßen und sprach: Wer ist denn der Jäger, der ein Wildbret gejagt und mir aufgetragen hat? Ich habe von allem gegessen, ehe du kamst, und habe ihn gesegnet; er wird auch gesegnet bleiben! — 1. Mose 27,33

Esau begann zu klagen und zu weinen, weil er den Segen seines Vaters verloren hatte. Isaak sagte: »Es war Jakob, dein Bruder. Er ist gekommen und hat deinen Segen weggenommen.«

Als du von zu Hause ausgezogen bist, hast du da mit deinen Geschwistern um den Segen deines Vaters gekämpft? Hast du überhaupt mal darüber nachgedacht? Den meisten Leuten ist es völlig egal. Sie sagen: »Wen interessiert es, was die über mich sagen?« Ich sage dir: Die Haltung, die in der Bibel zum Ausdruck kommt, ist die richtige. Unsere Gesellschaft legt auf Worte keinen Wert, aber die Bibel sagt:

Tod und Leben sind in der Gewalt der Zunge.
— Sprüche 18,21 ELB

Nur Leben und Tod, nicht Leben, Tod und eine Menge anderes Zeug. Es geht um Leben oder Tod, um eines von beiden.

»Du Aufsässiger!«

Ob dir das bewusst ist oder nicht, die Worte deiner Eltern haben dein Leben beeinflusst. Vielleicht hast du dein Zuhause unter einem Fluch verlassen. Man sagte zu dir: »Du Aufsässiger! Aus dir wird nie etwas Ordentliches werden.« Vielleicht wurdest du auch von anderen Leuten aus der weiteren Verwandtschaft oder von einem Lehrer verflucht, der zu dir sagte: »Du bist eben einfach nur dumm.« Vielleicht ist dir das nicht bewusst, aber das sind Flüche, und die haben Macht. Viele Menschen kämpfen auch später noch in ihrem Leben, weil Flüche über sie ausgesprochen wurden anstelle von Segnungen.

Der Vater eines sehr guten Freundes von mir war ein ausgesprochen gemeiner Mensch. Ich bin ihm begegnet und kannte ihn daher persönlich. Er hatte zwanzig oder dreißig Fahrzeuge zum Ausschlachten herumstehen. Sein Sohn, mein Freund, musste ihm beim Ausbau der Ersatzteile helfen. Dieser Mann war so verbittert, dass er schließlich irgendwann Selbstmord beging. Er hinterließ einen Abschiedsbrief, in dem er seine Familie verantwortlich machte. Darin stand: »Ihr seid schuld!« Er wollte, dass sie sich für seinen Tod schuldig fühlten.

Er sagte zu meinem Freund: »Du bist so dumm, du kannst nicht mal eine Mutter ansetzen, ohne sie zu verkanten.« Ich habe öfter gemeinsam mit meinem Freund an Autos gearbeitet, und ich habe gesehen, wie er – als Vierzigjähriger – zitterte, wenn er eine Mutter auf das Gewinde einer Schraube setzen musste. Wenn er sie festgezogen hatte und eigentlich alles in Ordnung war, sagte er trotzdem: »Ich glaube, ich habe sie verkantet.« Und dann löste er sie wieder und schraubte sie erneut auf, dann noch einmal und wieder. Ich habe ihn kein einziges Mal eine Mutter aufschrauben sehen, die er aufgrund des Fluches, der über ihn ausgesprochen worden war, nicht schließlich doch noch verkantete.

Vielleicht hat man dir gesagt, du werdest es nie zu etwas bringen. Vielleicht waren es nicht deine Eltern, die das zu dir sagten, sondern vielleicht war es ein Ex-Partner, der dich verfluchte. Wer es auch war, man sagte negative Dinge über dich. Worte sind machtvoll – zum Leben oder zum Tod. Vielleicht ist dir nie bewusst geworden, worin dein Problem eigentlich liegt: in einem über dich ausgesprochenen Fluch. Worte haben Macht!

Ich glaube nicht daran

Auch in einem Segen steckt Kraft. Und ein Segen ist viel größer als ein Fluch, aber du musst daran glauben. Auch an einen Fluch musst du glauben.

> *Wie ein Sperling davonflattert und eine Schwalbe wegfliegt,*
> *so ist ein unverdienter Fluch: Er trifft nicht ein.*
> *— Sprüche 26,2*

Ein Fluch hat keine Macht über dich, es sei denn, du glaubst daran und hast Angst davor. Angst ist nichts anderes als Glaube an etwas Negatives. Du musst dem Fluch Vollmacht über dich verleihen.

Es gibt Tausende von Blogs, deren Beiträge sich gegen mich richten. Neulich kam jemand zu mir und erzählte mir davon, dass er mit seinen Leuten zu Hause in Indien über mich gesprochen habe. Er wollte sie dazu bringen, mein Audiomaterial anzuhören, aber diese Leute hatten Informationen im Internet gefunden, die besagten, dass ich der gefährlichste Mann in Amerika sei und anderes mehr. Leute verfluchen mich und sagen alle möglichen Dinge über mich. Aber das hat keinerlei Macht über mich, weil ich nicht daran glaube (Spr 26,2).

Damit die Worte anderer dich beeinflussen und Leben oder Tod hervorbringen können, musst du an sie glauben. Negative Worte und Flüche haben nicht zwangsläufig Einfluss auf dich. Genauso verhält es sich mit der Gunst Gottes – dem Segen, der von ihm über dich ausgesprochen wurde –, auch an sie muss geglaubt werden, damit ihre Kraft freigesetzt wird. Das Problem ist, dass die meisten von uns einfach nicht an die Macht eines Segens glauben. Wir sind schnell bereit, an Flüche und an Negatives zu glauben. Wenn Schlechtes prophezeit wird, nehmen wir es ohne weiteres auf, aber wenn es um gute Prophezeiungen geht, glauben wir diese nicht so schnell. Wir müssen es genau umgekehrt machen!

Gott hat Tausende von Segnungen über dich ausgesprochen, und du musst dahin kommen, dass du an sie glaubst. Wenn er sagt, dass du Autorität über Tiere hast, dann kannst du dich darauf verlassen, dass es so ist (1Mo 9,2). Im Meer hättest du Autorität über Haie, Fische, Quallen und alle anderen Meerestiere. Manche Leute sagen: »Also, das glaube ich nicht.« Bei ihnen würde es auch nicht funktionieren. Wenn du es aber glaubst, dann funktioniert es bei dir!

Einer meiner Freunde hörte mich darüber lehren. Er saß auf den Treppenstufen einer Hütte und sah, wie eine Eidechse vorbeikroch. Er sagte: »Komm hierher, im Namen Jesu.« Die Eidechse sah ihn an und kroch dann geradewegs zu ihm hinüber. Dann sagte er: »Jetzt geh da rüber«, und die Eidechse tat genau das, was er ihr befohlen hatte. Du hast Autorität über Tiere, wenn du daran glaubst.

Es wurden Segnungen auf uns ausgesprochen wie: »Durch seine Wunden seid ihr heil geworden!« (1Petr 2,24). Würdest du an die Macht eines Segens glauben, würde er auch funktionieren.

Ich erinnere mich an einen älteren Mann aus dem Begrüßungsdienst unserer Gemeinde. Er war immer fröhlich und ich freute mich jedes Mal, ihn zu sehen, wenn ich hinging. Einmal war er ein paar Wochen lang nicht da und ich fragte die anderen nach ihm. Wie ich erfuhr, lag er mit einer Lungenentzündung im Krankenhaus und schaffte es nicht, sie loszuwerden. Also beschlossen Jamie und ich, ihn dort zu besuchen. Er war wirklich entmutigt, weil er an die Heilungskraft Gottes glaubte, aber jetzt nicht in der Lage war, diese Krankheit zu überwinden. Er hatte so viel Schleim in der Lunge, dass er kaum atmen und nicht reden konnte, ohne husten zu müssen.

Das war genau zu der Zeit, als Gott mich über die Kraft einer Segnung und die Macht von Worten lehrte. Also sagte ich zu ihm: »Ich möchte für dich beten.« Dann legte ich meine Hände auf seine Brust und sprach: »Brust, im Namen Jesu, du bist gesegnet. Ich segne dich mit Gesundheit, und ich verfluche diesen Schleim, der in deiner Lunge ist. Ich befehle diesem Zeug, jetzt herauszukommen, im Namen Jesu.« Sofort begann dieser Mann zu husten. Er stieß mich beiseite, griff nach einem Handtuch und hustete diesen ganzen Schleim aus seiner Lunge heraus. Innerhalb von zehn Minuten war er wieder völlig normal. Das ist die Kraft einer Segnung! Aber du musst daran glauben. Jesus sagte:

> *Wenn jemand zu diesem Berg spricht: Hebe dich und wirf dich ins Meer!, und in seinem Herzen nicht zweifelt,*

sondern glaubt, dass das, was er sagt, geschieht, so wird ihm zuteilwerden, was immer er sagt. — Markus 11,23

Du musst an die Macht deiner Worte glauben. Du musst an die Kraft der Segnungen Gottes glauben. Gott hat dich befähigt, zu segnen, und er hat dir schöpferische Kraft gegeben. Daran musst du glauben, damit es funktioniert. Wenn du bloß irgendetwas aussprichst, um zu sehen, ob es tatsächlich funktioniert, wird es nicht wirken. Wenn du aber den Glauben mit deinen Worten verbinden kannst, dann steht dir schöpferische Kraft zur Verfügung (Hebr 4,2). Du kannst segnen!

Gott ist derjenige, bei dem alles seinen Ursprung hat. Er hat alles geschaffen. Gott hat Segnungen über dich ausgesprochen, und Segnungen sind machtvoll. Sobald du anfängst, dich in diesem Segen zu bewegen und ihn anzuwenden, kann Satan ihn nicht mehr aufhalten. Ist der Segen gegeben, bleibt er ewig und überfließend bestehen. Wenn du jemals beginnst, im Segen Gottes zu leben, wird das dein ganzes Leben verändern. Du kannst an einen Punkt kommen, an dem du kein Wunder mehr nötig hast. Du wirst im Glauben Wunder für andere Menschen erwarten, die noch nicht wissen, wie man im Segen Gottes leben kann, aber du überlässt die Wunder den Ungläubigen. Du hingegen lebst im Segen Gottes!

So wie es sein sollte

In den 1970er Jahren schrieb Mel Tari ein ziemlich populäres Buch mit dem Titel *Like a Mighty Wind* (Wie ein Sturmwind) über die große Erweckung, die damals durch Indonesien fegte. Menschen wurden aus dem Tod auferweckt, Wasser wurden geteilt und Leute durchquerten sie trockenen Fußes. Das Buch beschrieb Wunder über Wunder. Damals war Mel Tari der bedeutendste Name unter Christen. Er reiste umher und predigte, und ich hörte ihn einmal persönlich von all diesen erstaunlichen Wundern berichten.

Ungefähr sieben Jahre später schrieb er ein zweites Buch mit dem Titel *The Gentle Breeze of Jesus* (Die sanfte Brise Jesu). Darin schilderte er, wie es in Indonesien danach weiterging. Seinem Bericht nach erlebte diese Gemeinde, nach Gottes großartigem Wirken sieben Jahre zuvor, kaum noch irgendwelche Wunder. Davor hatte es fast in jedem Gottesdienst Wunder gegeben: Tote waren auferweckt worden, blinde Augen hatten sich geöffnet und anderes mehr.

Als ich davon erfuhr, dachte ich zuerst: *Oh, wie schade. Es ist eben wie bei allen anderen Erweckungen. Sie flaute einfach ab und kommt nun nach sieben kurzen Jahren ganz zum Erliegen.* Doch Mel berichtete weiter, dass die Wunder nun draußen in den Dörfern geschahen, in die sie zum Evangelisieren gingen. Sie erlebten keine Wunder mehr unter den Gläubigen, weil diese so gesegnet, geheilt und erfolgreich waren, dass sie keine Wunder mehr brauchten. Alle Wunder geschahen unter den Ungläubigen, und so sollte es auch sein.

Jesus gebrauchte Wunder wie eine Glocke, um die Leute auf die Macht Gottes und die Botschaft der Erlösung aufmerksam zu machen. Wir als Gläubige hingegen sollten so sehr im Segen Gottes leben, dass wir gar nicht mehr krank werden oder irgendwelche anderen existenziellen Nöte haben. Wir sollten nicht von Krise zu Krise leben oder von einem Abgrund zum nächsten stolpern. Stattdessen sollten wir voller Freude auf den Berggipfeln wandeln.

Du kannst von Gott auf zwei verschiedene Weisen empfangen: entweder durch ein Wunder oder durch einen Segen. Was mich anbelangt, ziehe ich den Segen Gottes einem Leben von Wunder zu Wunder vor.

Vielleicht hast du ja gebetet: »O Gott, bitte gib mir das doch.« Er versucht, dich zu segnen, du aber wartest einfach auf ein Wunder. Du verstößt gegen sämtliche Gesetze des Reiches Gottes und tust nicht, was er dir aufgetragen hat. Du kooperierst nicht mit dem Wort Gottes, also brauchst du ein Wunder, weil du nicht im Segen Gottes lebst. Es gibt einen Grund, warum es manchen Menschen wohlergeht und anderen nicht. Diese Wahrheiten über den Segen Gottes sind wirklich wichtig!

»Vater, ich bete, dass der Heilige Geist uns Erkenntnis gibt. Ich bete für diejenigen, die von Krise zu Krise leben. Sie missachten geistliche, natürliche und emotionale Gesetze und tun nicht das, was dein Wort sagt, sondern erwarten im Glauben ein Wunder von dir. Deshalb bete ich, dass du dieses Wort jetzt in ihr Herz sprichst und sie ermutigst, dass es nicht so bleiben muss, sondern dass sie in deinen Segen und deine Gunst eintreten können, die du durch dein Wort über sie ausgesprochen hast. Öffne ihre Augen, damit sie all die wunderbaren Dinge sehen, all diese außerordentlich großen und kostbaren Verheißungen, die du uns gegeben hast (2Petr 1,4). Danke, dass es nicht so sein muss, dass wir gerade so über die Runden kommen und die ganze Zeit zu kämpfen haben. Danke, dass du uns zeigst, wie wir in deinem Segen leben können!«

Zeigt dir der Heilige Geist, dass ein Fluch in deinem Leben wirksam war und dass du derjenige bist, der ihn ermächtigt hat, weil du daran geglaubt hast? Vielleicht war es ein Ex-Partner, ein Elternteil, ein Verwandter, ein Lehrer, ein Arbeitgeber oder eine andere Person, die diese negativen Worte – die Flüche – über dich ausgesprochen hat. Du jedoch hast diese Flüche ermächtigt, vielleicht nicht bewusst, aber indem du dich von diesen Aussagen hast einschüchtern lassen. Sie haben dich verletzt, und jetzt spielst du die negativen Dinge, die über dich ausgesprochen wurden, immer wieder durch. Sie wurden zu einer selbsterfüllenden Prophezeiung.

Ich bin mir sicher, dass dir der Fluch kein Vergnügen bereitet. Ich bin gewiss, dass du ihn hasst. Und dennoch hast du dem Fluch durch deine Angst vor ihm Macht verliehen. Du lässt zu, dass diese Dinge geschehen. Ich glaube, dass Gott die Macht dieser Flüche über dein Leben brechen und ihre Wirksamkeit gegen dich beenden will, aber du musst sie widerrufen und verdammen (Jes 54,17). Du musst sagen: »Dieser Fluch wird mich nicht länger beherrschen. Ich werde den Segen Gottes empfangen!«

Danke, Jesus!

Was hält dich davon ab, genau jetzt Folgendes laut zu beten?

Vater, danke, dass du mir diese Wahrheit offenbart hast. Vergib mir, dass ich diese Flüche ermächtigt habe. Vergib mir, dass ich an das geglaubt habe, was sie sagten. Vergib mir, dass ich verletzt und beleidigt war, obwohl du so viele wunderbare Dinge über mich ausgesprochen hast. Du hast mich gesegnet. Ich bin gesegnet vor allen Völkern (5Mo 7,14). Vergib mir, dass ich mich von diesen Flüchen, diesen negativen Worten, habe beherrschen lassen. Ab jetzt wende ich meine Autorität in Christus Jesus an und spreche Tod über all diese Flüche aus. Im Namen Jesu sage ich, dass ich nicht mehr zulassen werde, dass irgendein Fluch, den irgendjemand über mich ausgesprochen hat – oder den ich selbst über mich ausgesprochen habe –, bestehen bleibt. Ich breche sie alle, in Jesu Namen. Ich kann alles tun durch Christus, der mich stark macht (Phil 4,13). Du lässt mich jederzeit triumphieren in meinem Herrn Jesus Christus (2Kor 2,14). Ich bin immer oben und niemals unten. Ich bin der Kopf und nicht der Schwanz (5Mo 28,13).

Ich breche die Flüche von Ärzten, Bankern, Anwälten und jeder anderen Person, die negative Dinge – Worte des Todes – über mich ausgesprochen hat. Ich widerrufe diese Flüche im Namen Jesu und lasse nicht zu, dass sie mich weiter beherrschen. Vater, ich glaube, was du über mich ausgesprochen hast. Dein Segen ist stärker als jeder Fluch, und ab jetzt aktiviere ich deinen Segen durch meinen Glauben. Ich setze meinen Glauben in dich und in das, was du über mich gesprochen hast. Von jetzt an bin ich der Gesegnete des Herrn (Ps 115,15). Der Segen des Herrn macht mich reich, und keine Sorge wird dem hinzugefügt (Spr 10,22 NLB). Bei meinem Ausgang und bei meinem Eingang bin ich gesegnet (5Mo 28,6). Mein Korb und mein Vorratshaus sind gesegnet (5Mo 28,5 KJV). Danke, dass alles, was ich unternehme, gesegnet ist (5Mo 28,8). Danke, Jesus!

Ich spreche den Segen Gottes aus und breche den Fluch. Der Fluch ist zu Ende. Es ist vorbei. Von jetzt an ist der Fluch in meinem Leben zu Ende und der Segen beginnt. Ich erkläre dies aufgrund des Glaubens an den Namen Jesu. Amen. Halleluja!

KAPITEL 13

»Es ist nicht wichtig«

An dieser Stelle wollen wir einiges von dem wiederholen, was wir bisher abgehandelt haben.

Viele Gläubige haben sich mit weniger als Gottes Bestem zufriedengegeben, das er für sie bereithält. Sie denken noch nicht einmal darüber nach. Wenn wir uns aber mit weniger als dem Besten zufriedengeben, werden wir das Beste auch niemals erfahren. Unser Wunsch nach Kompromissen, nach Sicherheit und danach, uns im Glauben nicht ausstrecken zu müssen, hindert uns daran, Gottes Fülle zu empfangen.

Gottes Fülle zu empfangen, bedeutet aber nicht, dass wir Gott dazu bewegen, etwas zu tun. Die Gemeinde als Ganzes glaubt, dass Gott alles *tun kann*, aber noch nichts *getan hat.* Folglich müssen wir Gott anflehen und anbetteln, ihn beknien und ihn auf die eine oder andere Weise manipulieren, damit er sich bewegt. Das drückt sich in Äußerungen aus wie: »Glaube bewegt Gott«. Glaube bewegt Gott aber nicht. Gott hat sich bereits aus Gnade bewegt, und unser Glaube nimmt lediglich in Anspruch, was Gott in seiner Gnade bereitgestellt hat. Dies ist eine wirklich lebensverändernde Wahrheit!

Du kannst Gottes Versorgung auf zwei unterschiedlichen Lieferwegen empfangen: durch einen Segen oder durch ein Wunder. Da ein Wunder bedeutet, dass Naturgesetze aufgehoben oder ausgesetzt werden, ist das nicht Gottes Bestes. Gott hat die Naturgesetze geschaffen und sie als gut bezeichnet. Er möchte, dass du lernst, mit den geistlichen und den natürlichen Gesetzen, die er ausgesprochen hat, zu kooperieren und so dein Leben zu gestalten. Wenn du diese Gesetze missachtest, manövrierst du dich selbst in eine Krise. Du kannst ein Wunder empfangen, aber um dieses zu erleben, musst du erst in einer Krise stecken.

Ein Segen hingegen beugt einer Krise vor. Ein Wunder bringt niemals so viel Überfluss wie ein Segen. Das Manna (ein Wunder) reichte aus, aber das Gelobte Land (der Segen) brachte Überfluss. Ein Wunder ist nur vorübergehend. Gott wird die Naturgesetze nicht langfristig aufheben oder aussetzen. Ein Segen jedoch kann, sobald er ausgesprochen ist, nicht mehr rückgängig gemacht werden.

Das wahre Vermögen!

Segnungen sind keine materiellen Dinge. Manche Leute sagen: »Dieses Auto ist ein Segen« oder »Mein Haus ist ein Segen«. Die Dinge, die du besitzt, sind das Ergebnis des Segens Gottes, aber sein Segen an sich besteht nicht in materiellen Dingen. Galater 3,14 offenbart, dass der Segen Abrahams durch den Glauben auf uns, die Gläubigen, gekommen ist. Ich bin nicht an Abrahams Besitztümern interessiert. Ich brauche seine alten Zelte, seine Schafe oder Rinderherden nicht. Ich will die Gunst Gottes, die über ihn ausgesprochen wurde und die solchen Überfluss erzeugte. Es ist wichtig, dass wir im Hinterkopf behalten, dass Segen nicht in materiellen Dingen besteht.

Du schaust dir vielleicht alles an und sagst: »Junge, bin ich gesegnet! Schau dir nur meine Segnungen an!« Diese Dinge befinden sich im natürlichen Bereich, somit hat Satan die Möglichkeit, Einfluss darauf zu nehmen. Sachen kommen und gehen. Die Wirtschaft unterliegt Schwankungen. Dein Erfolg wird nicht immer gleich sein. Ich preise Gott für all die Gebäude und Sachen, die er uns gegeben hat, aber sie sind nicht der Segen Gottes. Es sind Manifestationen, Ergebnisse des Segens Gottes auf meinem Leben. Gott bewahre, dass diesen Dingen irgendetwas zustößt, aber es sind doch nur Sachen. Wenn sie plötzlich weg wären, wäre das nicht schlimm. Es hätte keinen Einfluss auf die Gunst Gottes, die auf mir ist. Wenn etwas passieren und ich alles verlieren würde, bekäme ich es zurück, denn Gottes Segen hat diese Sachen hervorgebracht. Es wäre nur eine Frage der Zeit.

Ich habe sozusagen die Gans, die goldene Eier legt. Wen kümmert es, wenn eines der Eier zerbricht? Ich habe schließlich die Gans! Sie kann noch weitere Goldeier legen. Wenn eine Person völlig ausflippt, weil ihr Auto beschädigt wurde, ist ihr Glaube eindeutig auf das Falsche gerichtet. Sie schaut nur auf ihre Besitztümer. Es ist die Gunst Gottes, die dieser Person das Auto gegeben hat. Es ist die Gunst Gottes, von der sie ihre Sachen erhalten hat. Die Gunst Gottes ist das wahre Vermögen!

Demoliert

Aufgrund eines schrecklichen Erlebnisses musste ich einmal innerhalb einer Woche zwei neue Autos kaufen. Später in derselben Woche fuhr ich einen Freund zu unserem Haus, weil dieser unsere Satellitenanlage reparieren sollte. Unser Grundstück liegt hoch in den Bergen von Colorado und es schneite gerade. Mein Freund staunte über die gute Traktion meines nagelneuen Pick-ups, der die extrem steile Auffahrt trotz der zehn Zentimeter Neuschnee souverän bewältigte. Wir hielten auf der Auffahrt sogar an, das Fahrzeug kam aber kein bisschen ins Rutschen. Er war verblüfft!

Nachdem die Reparatur beendet war, erzählte ich meinem Freund, dass unser anderes Auto eine sogar noch bessere Traktion habe als der Pick-up. Er bemerkte: »Wie das funktioniert, würde ich gerne mal sehen!«

Also sagte ich zu ihm: »Okay, ich werde dich mit dem anderen Wagen wieder runterfahren.« Wir stiegen ein, ich setzte meinen ebenfalls nagelneuen Subaru zurück und rauschte damit geradewegs in den Ford Pick-up. Ich demolierte beide nagelneuen Fahrzeuge in derselben Woche, in der ich sie erhalten hatte!

Mein Freund wurde ganz blass und stöhnte: »Oh, das tut mir so leid. Das ist ja schrecklich!«

Ich antwortete: »Hey, das sind doch nur Autos, bloß Sachen. Es ist nicht wichtig.«

»Wie kannst du so was sagen? Die waren doch nagelneu!«

»Es sind nur Sachen. Das macht mir nichts aus. Es sind bloß Maschinen.«

Ein anderes Mal kauften wir ein nagelneues Auto und fuhren damit zur Gemeinde. Es war das allererste Mal, dass wir mit diesem Auto dorthin fuhren. Eine Frau fuhr rückwärts dagegen und verbeulte es. Sie erkannte mich und ich sah sofort, dass es ihr schrecklich leidtat, als sie sagte: »Ich kann nicht glauben, dass ich dir das angetan habe!« Ich sagte zu ihr: »Du musst dich nicht schlecht fühlen deswegen. Es ist nur ein Auto. Es ist nicht wichtig.«

Es gibt Leute, deren Herz so sehr an ihren Sachen hängt, dass du ihnen den ganzen Tag ruinierst, wenn da etwas passiert. Das liegt daran, dass ihr Glaube auf etwas Falsches gerichtet ist. Wenn du deinen Glauben auf den Herrn setzt, dann spielt es keine Rolle, was mit deinen Sachen passiert. Es sind doch nur Sachen.

»Es ist doch nur Zeug«

Im Jahr 2002 wütete in unserer Gegend ein großer Waldbrand, der fast 57.000 Hektar Land niederbrannte. Da der Waldbrand schon auf weniger als zwei Kilometer an unser Haus herangerückt war, wurden wir evakuiert. Die Evakuierung war behördlich angeordnet, also packten alle unsere Nachbarn Umzugswagen voll, um so viel wie möglich mitzunehmen, weil sie erwarteten, dass ihre Häuser niederbrennen würden. Jamie und ich beteten über unser Anwesen, segneten es und befahlen dem Feuer, weder unserem Haus zu nahe zu kommen noch unseren Ausblick zu ruinieren. Und das geschah auch nicht. Von unserem Grundstück aus kannst du nicht einmal sehen, dass es ein Feuer gegeben hat. Gott beschützte uns.

Natürlich nahmen wir wichtige Dokumente, Fotos und anderes Unersetzliches mit. Aber anders als unsere Nachbarn, die Umzugswagen vollluden, packten wir nur einige wenige Dinge in unser Auto. Als wir losfuhren, sagte Jamie: »Ich stimme dir zu. Ich glaube, dass wir geschützt sind. Gott wird unser Zuhause beschützen. Aber es ist trotzdem nur Zeug. Selbst wenn wir alles verlieren würden: Es hat Spaß gemacht, es zu bekommen, und es würde auch Spaß machen, es wiederzubekommen.« Welch großartige Einstellung! Gepriesen sei Gott für eine Ehefrau mit einer solchen Haltung.

Wenn du unser Haus sehen würdest, wüsstest du, man könnte einen Umzugswagen voll mit Jamies Sachen füllen und einen zweiten mit unseren Möbeln. Es ist unser Traumhaus. Ich habe es selbst entworfen. Ich habe die Pläne gezeichnet, und wir haben es gebaut. Jamie hat es genau nach ihren Vorstellungen eingerichtet. Überall hat sie irgendwelche Sachen. Aber es ist halt nur Zeug. So muss man die Dinge betrachten.

Sachen sind nicht der Segen Gottes. Sie sind ein Ergebnis des Segens Gottes. Wenn mir alles abgenommen würde, ich wäre trotzdem von Gott gesegnet, und ich würde meinen Besitz mit Zinsen zurückbekommen. Amen!

Wird er [der Dieb] ertappt, so muss er siebenfach bezahlen und alles hergeben, was er im Haus hat. — Sprüche 6,31

Wenn Satan mir etwas stiehlt, werde ich dafür sorgen, dass er es mir mit Zinsen zurückzahlen muss!

Betrogen

Als wir eines der allerersten Bücher herausbringen wollten, hatte ich nicht das Geld, um es zu veröffentlichen. Also sprach ich die Partner unseres Dienstes an und bat sie um ihre Unterstützung im Rahmen eines Vorabverkaufs. Wir mussten 27.000 Dollar aufbringen, um 10.000 Exemplare drucken zu lassen. Das war zu einer Zeit, als die monatlichen Einnahmen unseres Dienstes noch bei ungefähr 5000 Dollar lagen. Wir hatten nicht sehr viel Geld, aber dank unserer Partner brachten wir die für den Druck benötigte Summe zusammen. Ich übergab dem Verlag den vollen Betrag, doch wie sich herausstellte, unterschlug der zuständige Verlagsmitarbeiter dieses Geld. Er zog diese Tour auch noch mit zwei anderen namhaften christlichen Diensten ab, die zu dem Zeitpunkt größer waren als der unsere. Wir alle wurden von diesem Kerl betrogen und verloren dieses Geld.

Meine Mitarbeiter kamen zu mir und sagten: »Die 27.000 Dollar, die wir diesem Typen gegeben haben, sind verschwunden. Alles ist weg. Er hat das Land verlassen und das Geld mitgenommen.«

Und ich verlor nicht nur 27.000 Dollar, sondern fand auch noch heraus, dass es sogar 47.000 Dollar kosten würde, dieses Buch drucken zu lassen (dieser Typ hatte den Verlag nicht besonders gut vertreten). Zusammengerechnet ergaben die 27.000 Dollar plus 47.000 Dollar also ganze 74.000 Dollar. Auf einen Schlag hatte ich 74.000 Dollar verloren – das entsprach dem Einkommen von fünfzehn Monaten!

Frag meine Mitarbeiter, die damals dabei waren, wie ich reagierte: Erst wollte ich mich aufregen, aber wohl keine zehn Sekunden später kam mir Sprüche 6,31 in den Sinn. Ich nahm diesen Vers und folgerte: »Das ist bloß der Teufel, der versucht, mich zu bestehlen!« Ich multiplizierte 74.000 Dollar mit sieben und proklamierte: »So viel werden wir dieses Jahr zurückbekommen!« Was denkst du, was passiert ist? Wir erreichten in jenem Jahr bis auf ein oder zwei Dollar genau diesen Zuwachs. Das war mit das Beste, was mir jemals passiert ist! Wenn du daran glaubst, dass du gesegnet bist, spielt es keine Rolle, was Menschen dir antun. Der Segen Gottes ist keine Sache, sondern seine göttliche Gunst, die er über dich ausgesprochen hat, und nichts und niemand kann dir das nehmen!

KAPITEL 14

Unwiderruflich

Danach brachen die Kinder Israels auf und lagerten sich in den Ebenen Moabs, jenseits des Jordan, Jericho gegenüber. Als aber Balak, der Sohn Zippors, alles sah, was Israel den Amoritern getan hatte, da fürchtete sich Moab sehr vor dem Volk, denn es war zahlreich; und es graute den Moabitern vor den Kindern Israels. — 4. Mose 22,1–3

Balak, der König von Moab, sah sich wegen Gottes Volk in großer Bedrängnis. Die Israeliten hatten gerade die Nachbarvölker und Vettern der Moabiter besiegt (4Mo 21,21–35; siehe auch 1Mo 19,30–38).

Da sprach Moab zu den Ältesten von Midian: Nun wird dieser Haufe alles rings um uns her auffressen, wie das Vieh alles Grüne auf dem Feld wegfrisst! Balak aber, der Sohn Zippors, war zu jener Zeit König der Moabiter. Und er sandte Boten aus zu Bileam, dem Sohn Beors, nach Petor, das am Fluss Euphat im Land der Kinder seines Volkes liegt, um ihn zu rufen, und er ließ ihm sagen: Siehe, es ist ein Volk aus Ägypten gezogen; siehe, es bedeckt das ganze Land und lagert sich gegen mich! So komm nun und verfluche mir dieses Volk, denn es ist mir zu mächtig; vielleicht kann ich es dann schlagen und aus dem Land treiben; denn ich weiß: Wen du segnest, der ist gesegnet, und wen du verfluchst, der ist verflucht! — 4. Mose 22,4–6

Die Moabiter fürchteten, dass die Israeliten ihr Land erobern würden. Also sandte König Balak Boten zu Bileam, um ihn anzuheuern. Er sollte kommen und die Israeliten verfluchen, damit die Moabiter die Schlacht gewinnen würden. Für uns heute hört sich das töricht an. Wir betrachten so etwas als Aberglaube und sagen: »Es hat doch gar keine Bedeutung, wenn irgendjemand einen anderen verflucht. Schlachten gewinnt oder verliert doch keiner wegen eines ausgesprochenen Segens oder Fluches.« Das war jedoch die Haltung der Menschen in der Bibel, und es ist auch tatsächlich die richtige Einstellung.

Worte haben Macht

Die Menschen heutzutage messen Worten nicht den richtigen Stellenwert bei. Sie sagen Dinge einfach so dahin, sie verfluchen andere und sie denken, ihre Worte hätten nicht allzu viel zu bedeuten. Leute sagen Seuchen und Naturkatastrophen voraus und jeder denkt automatisch: *Man muss vorsichtig sein; es ist gut, vorgewarnt zu werden.*

Seit Hurrikan Katrina scheint der Nationale Wetterdienst in Boulder, Colorado, jedes Jahr eine furchtbare Wirbelsturmsaison vorherzusagen. Seitdem werden jedes Jahr bis zu fünfzehn namentlich benannte Wirbelstürme angekündigt, und man lässt dabei immer durchblicken, dass »dieses kommende Jahr« wohl das schlimmste überhaupt werde. Doch so ist es nicht gekommen. Tatsächlich hatten wir in den Jahren seit Katrina nur eine Handvoll nennenswerter Wirbelstürme. Diese Dinge sind nicht eingetreten, aber die Leute denken: *Na ja, das ist schon okay. Wir gehen einfach auf Nummer sicher.* Doch es ist nicht okay. Wusstest du, dass aufgrund der Vorhersagen des Nationalen Wetterdienstes die Versicherungsprämien angestiegen sind? Es gibt Menschen, die aufgrund dieser Vorhersagen ihren Versicherungsschutz verlieren, oder aber mehr dafür bezahlen müssen. Aber wir finden uns einfach damit ab. Diese Leute sprechen Flüche aus, und das wirkt sich auf die Menschen aus.

Unternehmer sind wegen dieser verfluchenden Vorhersagen pleitegegangen. Es erinnert mich an das, was sich in Großbritannien infolge des Rinderwahns ereignete. Als die ersten Prognosen über die zu erwartende Ausbreitung der »Epidemie« veröffentlicht wurden, konnte man, wenn man durch England fuhr, überall Rauch aufsteigen sehen, denn Hunderte, ja Tausende Rinder wurden gekeult und verbrannt. Beim Abschlachten ihrer gesamten Herden dachten die Leute: *Wir sind eben vorsichtig.* Nun, diese Denkweise hat Leuten, die ich kenne, ihr Unternehmen gekostet. Sie züchteten diese seltene Rinderrasse, die Tausende von Dollar pro Tier kostet. Die Regierung erstattete ihnen nur einen Bruchteil des Wertes der Tiere, und so verloren sie fast ihre gesamte Investition. Diese düsteren »Vorhersagen« trieben Unternehmer in den Konkurs und ruinierten ihr Leben. Es wurden Dinge gesagt, die gar nicht wahr waren.

Die heutige Gesellschaft misst Worten nicht dieselbe Bedeutung bei wie die Völker der Bibel. Aber Worte sind wichtig. Wir können segnen oder verfluchen. Was würden wir heute denken, wenn der Präsident der Vereinigten Staaten aufgrund eines feindlichen Angriffs jemanden anheuern würde, um diesen Feind zu verfluchen? Wir würden denken: *Das ist doch bloß Aberglaube. Das wird rein gar nichts bewirken.* Aber Worte haben Macht, wenn jemand an sie glaubt. Die meisten Menschen glauben heutzutage nicht mehr an solche Dinge, was vielfach dafür sorgt, dass Flüche sich nicht auswirken. Nicht weniger oft verhindert es aber auch das Wirksamwerden von Segnungen. Die Bibel lehrt, dass in den Worten, die eine Person ausspricht, Kraft steckt:

Tod und Leben sind in der Gewalt der Zunge, und wer sie liebt, wird ihre Frucht essen. — Sprüche 18,21 ELB

Die übergeordnete Kraft

Jesu Jünger waren von Ehrfurcht darüber ergriffen, wie Jesus einfach zu einem Feigenbaum sprechen und diesen zum Absterben bringen konnte (Mk 11,12–14.20–21). Er hat den Feigenbaum nicht ein einziges Mal berührt. Er hat weder Salz noch sonst etwas Schädigendes auf den Wurzelbereich geschüttet. Hätte er im Natürlichen irgendetwas getan, das den Feigenbaum hätte absterben lassen, dann hätte niemand damit ein Problem gehabt. Aber die Vorstellung, dass eine Person Worte sprechen und einen Baum damit zum Eingehen bringen kann, finden die meisten Menschen absonderlich. Jesus jedoch sagte zu seinen Jüngern:

Habt Glauben an Gott! Denn wahrlich, ich sage euch: Wenn jemand zu diesem Berg spricht: Hebe dich und wirf dich ins Meer!, und in seinem Herzen nicht zweifelt, sondern glaubt, dass das, was er sagt, geschieht, so wird ihm zuteilwerden, was immer er sagt. — Markus 11,22–23

Jesus erklärte seinen Jüngern, wie seine Worte den Feigenbaum absterben ließen. Die Leute denken, dass so etwas nicht möglich sei. Das kommt von dem Zweifel in ihrem Herzen. Der einzige Grund, warum Berge nicht versetzt werden, ist der, dass niemand daran glaubt. Doch das ist die Macht der Worte!

Worte erschufen die sichtbare Welt (Hebr 11,3). Worte sind die übergeordnete Kraft. Alles auf dieser Welt reagiert auf Worte – dein Körper, Krebs, Blindheit –, alles und jedes reagiert auf

Worte, *wenn* du in deinem Herzen daran glaubst und nicht zweifelst. Das ist die richtige Einstellung. Worte sind voller Kraft, und dieses Beispiel zeigt uns, dass Gott Worte sehr ernst nimmt.

»Untersteh dich!«

König Balak sandte eine Abordnung zu Bileam, um diesen damit zu beauftragen, die Israeliten zu verfluchen:

> *Und die Ältesten der Moabiter gingen hin mit den Ältesten der Midianiter und hatten den Wahrsagerlohn in ihren Händen. Und sie kamen zu Bileam und sagten ihm die Worte Balaks. Und er sprach zu ihnen: Bleibt hier über Nacht, und ich will euch antworten, so wie der HERR zu mir reden wird! — So blieben die Fürsten der Moabiter bei Bileam. Und Gott kam zu Bileam und sprach: Was sind das für Leute bei dir? Und Bileam sprach zu Gott: Balak, der Sohn Zippors, der König der Moabiter, hat mir eine Botschaft gesandt: Siehe, das Volk, das aus Ägypten gezogen ist, es bedeckt das ganze Land; so komm nun und verfluche es mir; vielleicht kann ich dann mit ihm kämpfen und es vertreiben! Aber Gott sprach zu Bileam: Geh nicht mit ihnen! Verfluche das Volk nicht, denn es ist gesegnet! — 4. Mose 22,7–12*

Gott nimmt Flüche ernst! Er sagte zu Bileam: »Untersteh dich, das zu tun!« Er hätte auch antworten können: »Es ist egal, was du sagst. Tu, was du willst, es spielt ja doch keine Rolle.« Nein, Gott nimmt Flüche ernst und sagte Bileam, dass er keinen Fluch aussprechen solle.

Da stand Bileam am Morgen auf und sprach zu den Fürsten Balaks: Geht hin in euer Land, denn der HERR hat mir die Erlaubnis verweigert, mit euch zu ziehen! Und die Fürsten der Moabiter machten sich auf, kamen zu Balak und sprachen: Bileam weigert sich, mit uns zu ziehen!
— 4. Mose 22,13–14

Bis zu diesem Punkt hatte Bileam noch nichts falsch gemacht. Das muss man anerkennen. Er hat auf großartige Weise reagiert. So weit war alles gut.

Da sandte Balak noch einmal Fürsten, die bedeutender und vornehmer waren als die vorherigen. Als diese zu Bileam kamen, sprachen sie zu ihm: So spricht Balak, der Sohn Zippors: Lass dich doch nicht davon abhalten, zu mir zu kommen! Denn ich will dir große Ehre erweisen, und alles, was du mir sagst, das will ich tun. So komm doch und verfluche mir dieses Volk! — 4. Mose 22,15–17

»Sprich das, was ich dir sage!«

Sieh dir Bileams Antwort auf diese zweite Abordnung Balaks an:

Bileam antwortete und sprach zu den Knechten Balaks: Selbst wenn mir Balak sein Haus voll Silber und Gold gäbe, so könnte ich doch den Befehl des Herrn, MEINES GOTTES, NICHT ÜBERTRETEN, UM ETWAS KLEINES ODER GROSSES ZU TUN! — 4. Mose 22,18

Das ist eine starke Antwort! Alles sehr gut bis dahin.

Und nun, bleibt doch auch ihr noch hier über Nacht, damit ich erfahre, was der HERR weiter mit mir reden wird! Da kam Gott in der Nacht zu Bileam und sprach zu ihm: Wenn die Männer gekommen sind, um dich zu rufen, so mache dich auf und geh mit ihnen; doch nur das, was ich dir sagen werde, nur das darfst du tun! — 4. Mose 22,19–20

Dem Neuen Testament können wir entnehmen, dass Bileam den Lohn der Ungerechtigkeit liebte:

Wehe ihnen! Denn sie … haben sich um Gewinnes willen völlig dem Betrug Bileams hingegeben. — Judas 11

Weil sie den richtigen Weg verlassen haben, sind sie in die Irre gegangen und sind dem Weg Bileams, des Sohnes Beors, gefolgt, der den Lohn der Ungerechtigkeit liebte. — 2. Petrus 2,15

Obwohl Bileam bis zu diesem Zeitpunkt die richtigen Dinge gesagt hatte, offenbart uns das Wort, dass dieses Angebot, bestehend aus Geld, Macht und Ehre, ihn nicht kalt gelassen hat. Er wollte nun hingehen und die Israeliten verfluchen, um den versprochenen Gewinn einzufahren.

Da kam Gott in der Nacht zu Bileam und sprach zu ihm: Wenn die Männer gekommen sind, um dich zu rufen, so mache dich auf und geh mit ihnen; doch nur das, was ich dir sagen werde, nur das darfst du tun! — 4. Mose 22,20

Der Herr sagte: »Na gut, ich werde dich gehen lassen. Aber pass auf, dass du nur das sprichst, was ich dir sage!« Mit anderen

Worten: Gott wollte, dass Bileam die Israeliten segnete, anstatt sie zu verfluchen.

Ein sprechender Esel?

Da stand Bileam am Morgen auf und sattelte seine Eselin und zog mit den Fürsten der Moabiter. Aber der Zorn Gottes entbrannte darüber, dass er ging. — 4. Mose 22,21–22

Warum entbrannte Gottes Zorn darüber, dass er ging? Er hatte es Bileam doch aufgetragen. Die King James Bibel übersetzt 4. Mose 22,20 abweichend von anderen gängigen Übersetzungen und gibt uns Aufschluss hierüber:

Und Gott kam zu Bileam bei Nacht und sprach zu ihm: Wenn die Männer kommen, dich zu rufen, so stehe auf und gehe mit ihnen; aber das Wort, das ich dir sagen werde, das sollst du tun. — 4. Mose 22,20 KJV

Gott sagte zu Bileam, dass er gehen solle, *wenn die Männer am Morgen kämen*, um ihn zu rufen. Da nicht erwähnt wird, dass sie dies taten oder ob sie überhaupt über Nacht geblieben waren, wie er es ihnen angeboten hatte (Vers 19), glaube ich, dass Bileam, als er sah, dass Gott bereit war, ihn gehen zu lassen, einfach von sich aus zu ihnen ging und mit ihnen zog. Offensichtlich war Bileam darauf aus, die Israeliten zu verfluchen. Er dachte: *Ich werde damit schon durchkommen*, also wartete er nicht einmal ab, bis die Männer kamen, um ihn zu rufen, bzw. ob sie überhaupt kämen. Er begann, eigensinnig zu werden (siehe 2Petr 2,16). Er liebte den Lohn der Ungerechtigkeit. Gott ärgerte sich darüber, dass Bileam seinen Anweisungen nicht gehorchte, und Gott sah kommen, dass dies möglicherweise darin enden würde, dass ein Fluch über sein Volk ausgesprochen würde.

> *Aber der Zorn Gottes entbrannte darüber, dass er ging. Und der Engel des HERRN trat ihm als Widersacher in den Weg. Er aber ritt auf seiner Eselin, und seine beiden Burschen waren bei ihm. Als nun die Eselin den Engel des HERRN im Weg stehen sah und das gezückte Schwert in seiner Hand, da bog die Eselin vom Weg ab und ging aufs Feld. Bileam aber schlug die Eselin, um sie auf den Weg zu lenken. Da trat der Engel des HERRN in einen Hohlweg bei den Weinbergen; eine Mauer war auf dieser, eine Mauer auf jener Seite. Als nun die Eselin den Engel des HERRN sah, drängte sie sich an die Wand und klemmte Bileams Fuß an die Wand. Da schlug er sie noch mehr. Da ging der Engel des HERRN weiter und trat an einen engen Ort, wo kein Platz zum Ausweichen war, weder zur Rechten noch zur Linken. Als nun die Eselin den Engel des HERRN sah, fiel sie unter Bileam auf ihre Knie. Da entbrannte der Zorn Bileams, und er schlug die Eselin mit dem Stecken. Da öffnete der HERR der Eselin den Mund; und sie sprach zu Bileam: Was habe ich dir getan, dass du mich nun dreimal geschlagen hast? — 4. Mose 22,22–28*

Das ist erstaunlich! Der Esel fing an, zu Bileam zu sprechen, und Bileam schien das noch nicht einmal zu verblüffen. Er ließ sich sogar auf einen Dialog mit diesem Esel ein. Manche Leute denken, dass das hier nur symbolisch zu verstehen ist, ich glaube aber, dass es genauso passiert ist. Papageien sprechen. Im Zoo von Fort Worth gab es einen Elefanten, der sprechen konnte. Jemand konnte etwas zu diesem Elefanten sagen, und der wiederholte diese

Worte, so wie es ein Papagei tun würde. Ich glaube, dass ursprünglich alle Tiere sprechen konnten. Die Schlange sprach zu Adam und Eva (1Mo 3,1–5).

Bileam sprach zu der Eselin: Weil du Mutwillen mit mir getrieben hast! Wenn nur ein Schwert in meiner Hand wäre – ich hätte dich jetzt umgebracht! Die Eselin aber sprach zu Bileam: Bin ich nicht deine Eselin, die du von jeher geritten hast bis zu diesem Tag? War es jemals meine Art, mich so gegen dich zu verhalten? Er antwortete: Nein!
— 4. Mose 22,29–30

Bileam sprach mit diesem Esel, als wäre es das Normalste der Welt. Er unterhielt sich mit dem Esel und dessen Schlussfolgerungen waren besser als die Bileams (2Petr 2,16). Der Esel war schlauer als sein Herr!

»Ich gehe nicht weiter«

Da enthüllte der HERR dem Bileam die Augen, und er sah den Engel des HERRN im Weg stehen und das gezückte Schwert in seiner Hand. Da verneigte er sich und warf sich auf sein Angesicht. Und der Engel des HERRN sprach zu ihm: Warum hast du deine Eselin nun dreimal geschlagen? Siehe, ich bin ausgegangen, um dir zu widerstehen, weil [dein] Weg vor mir ins Verderben führt! Und die Eselin hat mich gesehen und ist mir nun dreimal ausgewichen. Und wenn sie mir nicht ausgewichen wäre, so hätte ich dich jetzt umgebracht, sie aber am Leben gelassen! Da sprach Bileam zu dem Engel des HERRN: Ich habe gesündigt, denn ich wusste nicht, dass du mir im Weg entgegenstandest! Und nun, wenn es böse ist in deinen Augen, so will ich wieder umkehren. Und der Engel des HERRN sprach zu Bileam: Geh mit den Männern; aber du darfst nur das reden, was ich dir sagen werde! So zog Bileam mit den Fürsten Balaks. — 4. Mose 22,31–35

Schließlich fügte sich Bileam und sagte: »Wenn es dir missfällt, werde ich nicht gehen.« Aber der Herr sagte zu ihm: »In Ordnung, du kannst gehen. Aber pass auf, dass du nur das sprichst, was ich dir sage.«

Bei der Ankunft Bileams fragte König Balak ihn: »Warum bist du nicht gekommen, als ich dich zum ersten Mal rufen ließ?«

Und Bileam antwortete dem Balak: Siehe, ich bin jetzt zu dir gekommen. Kann ich nun irgendetwas reden? Nur das Wort, das mir Gott in den Mund legt, das will ich reden! — 4. Mose 22,38

In 4. Mose 23 lesen wir, dass Balak Bileam auf eine Anhöhe brachte, von wo aus dieser das ganze Volk Israel einschließlich seiner Viehherden vor sich ausgebreitet sehen konnte. Es waren Millionen von Israeliten. Balak errichtete sieben Altäre, und Bileam brachte auf jedem von ihnen Opfer dar. Dann ging Bileam fort, um zu beten. Als er zurückkehrte, fing er an, Israel zu segnen, anstatt es zu verfluchen. Balak wurde richtig wütend! Er sagte: »Ich habe dich hierhergebracht, damit du meine Feinde verfluchst, und du segnest sie stattdessen. Das Problem muss wohl sein, dass du diese riesige Menge von Menschen siehst und einfach davon überwältigt bist, wie viele es sind. Ich werde dich an einen anderen Ort bringen, von dem aus du nur einen kleinen Teil von ihnen sehen kannst.« Balak brachte ihn an einen anderen Ort, an dem er weitere sieben Altäre errichtete. Sieben weitere Opfer wurden dargebracht. Bileam ging, betete und kam wieder zurück. Und dann sprach er eine mächtige Segnung über die Israeliten aus.

Es wird geschehen

Da begann er seinen Spruch und sprach: »Steh auf, Balak, und höre! Leihe mir dein Ohr, du Sohn Zippors! Gott ist nicht ein Mensch, dass er lüge, noch ein Menschenkind, dass ihn etwas gereuen würde. Was er gesagt hat, sollte er es nicht tun? Was er geredet hat, sollte er es nicht ausführen? — 4. Mose 23,18–19

Das ist kraftvoll! Du solltest diesen Vers aufschreiben, ihn an einer exponierten Stelle anbringen, ihn auswendig lernen und ihm gemäß leben. Wenn Gott etwas sagt, dann wird es geschehen. Er ist kein Mensch, er lügt nicht. Er bereut nichts. Wenn Gott Gunst ausgesprochen hat, dann wird das unbedingt eintreten. Ich wünschte, wir hätten alle diese Einstellung.

Beachte, was Bileam als Nächstes sagt:

Siehe, zu segnen habe ich empfangen; Er hat gesegnet, und ich kann es nicht abwenden! — 4. Mose 23,20

Dieser Mann, der für seine machtvollen Worte berühmt war – wen er segnete, der war gesegnet; wen er verfluchte, der war verflucht –, konnte einen Segen Gottes nicht abwenden. Der größte Wahrsager seiner Zeit musste eingestehen: »Ich kann Gottes Segen nicht abwenden.«

Was bedeutet das für uns heute? Wenn wir den Segen Gottes empfangen haben, kann nichts und niemand in Satans Herrschaftsbereich – einschließlich dem Teufel selbst – es aufhalten. Gott hat uns gesegnet, und der Feind kann es nicht rückgängig machen!

KAPITEL 15

Keine Zauberei

Es ist schon eine Weile her, da hatten wir ein Büro in Manitou Springs, Colorado. Ein Gerücht ging um, dass der führende Satanist Amerikas das Nachbargebäude gekauft habe und dort sein Hauptquartier einrichten wolle. Dies stellte sich zwar als reines Gerücht heraus und ist daher auch nie eingetreten, aber während das Gerücht die Runde machte, kamen Leute zu mir und fragten mich: »Wirst du dein Gebäude zum Verkauf anbieten? Wirst du von Manitou Springs wegziehen?« Wenn ich fragte, warum ich da wegziehen sollte, kam als Antwort: »Weil doch der Hohepriester Satans ins Nachbarhaus einzieht!«

Ich erwiderte: »Ich hoffe, dass er nebenan einzieht. Dieser Typ braucht Jesus.«

»Aber es ist doch der höchste Satanspriester in Amerika!«

»Das interessiert mich nicht«, sagte ich.

Leute, die sich von solchen Dingen beeindrucken lassen, verstehen nicht, welche Macht ein Segen hat. Satan kann das, was Gott gesagt oder getan hat, nicht verhindern, es sei denn, wir bekommen Angst und glauben, dass er es kann.

»Arbeiten?«

Zu einer Zeit, als man in Flugzeugen noch rauchen durfte, saß ich einmal während eines Fluges neben einem satanischen

Hohenpriester. Er wollte mich verfluchen, mein Herz herausschneiden, und mich als Opfergabe darbringen. Wir saßen in der letzten Sitzreihe und ich saß auf dem mittleren Sitzplatz, eingeklemmt zwischen diesem Typen auf dem Fensterplatz und einem meiner Mitarbeiter, der am Gang saß. Während unser Flugzeug noch am Abfluggate geparkt war, rauchte dieser Satanist zwei Zigaretten. Die Stewardess kam vorbei und sagte, er müsse jetzt mit dem Rauchen aufhören. Er verfluchte sie nach Strich und Faden. Dieser Kerl war niederträchtig, bösartig und gemein. Sein Bart reichte bis zur Taille und er trug eine Armeejacke, die voller Brandlöcher von Zigarettenglut war. Er stank erbärmlich und unter seinen gut zwei Zentimeter langen Fingernägeln lugte grüngelber Schmutz hervor. Dieser Bursche war widerlich, schmutzig und fies, und ich saß genau neben ihm.

Ich versuchte, mit ihm ins Gespräch zu kommen. Ich fragte ihn, woher er komme, und so weiter. Als ich ihn danach fragte, was er arbeite, antwortete er: »*Arbeiten?*« Er sagte es in einem entrüsteten Ton, als sei dies eine völlig abwegige Frage. Er fuhr fort: »Warum sollte ich arbeiten, wenn die Regierung mir gutes Geld bezahlt und ich mein Essen aus dem Müll sammeln kann? Ich lebe von Sozialhilfe. Dieses kapitalistische Wirtschaftssystem kann ohne zehn Prozent Arbeitslose doch gar nicht funktionieren. Ich helfe also bloß dem System.«

Ich fing an, ihm davon zu erzählen, dass Gott Adam und Eva geschaffen und ihnen dann auch einige Aufgaben gegeben habe (1Mo 2,5). Ich sagte: »Sie müssen irgendetwas tun, nicht nur, um ein Segen für andere zu sein, sondern auch um Ihrer selbst willen.« Dann erzählte ich ihm vom Herrn, aber er wollte nicht zuhören. Obwohl er aus dem Fenster starrte, sprach ich weiter zu ihm. Zu dieser Zeit hatte das Flugzeug bereits abgehoben und wir waren in der Luft. Plötzlich drehte er sich um, steckte mir seine Nase direkt ins Gesicht und schrie: »Sie sprechen mit einem Jünger des Maharishi!«, oder etwas in der Art. Er stieß diesen langen Namen hervor, erst später fand ich heraus, dass es ein Name für den Teufel war. Später in unserer Unterhaltung gab er zu, ein satanischer Hohepriester zu sein, und behauptete, mehr als zwanzig Leuten das Herz aus dem Leib geschnitten und sie als Menschenopfer dargebracht zu haben. Der Kerl war ein Wrack! Er brüllte mir buchstäblich ins Gesicht, und Hass und Feuer blitzten aus seinen dämonischen Augen.

Was hättest du in dieser Situation getan? Hättest du nach der Hand deines Sitznachbars auf der anderen Seite gegriffen und gesagt: »Wir müssen beten! Im Namen Jesu binden wir diese Dämonen …«?

Dieser Bursche hatte mich herausgefordert, also steckte ich meine Nase nun ihm ins Gesicht und schrie ihn an: »Sie sprechen mit einem Jünger des Herrn Jesus Christus, und mein Gott ist größer als Ihr Gott!« Du hättest sehen sollen, wie dieser Typ reagierte. Als ich das gesagt hatte, rastete er komplett aus! Furcht und Schrecken überkamen ihn. Er sprang auf, hüpfte auf seinen Sitz und drückte sich dort mit dem Rücken an die Kabinenwand. Dann fing er an zu bellen wie ein Hund, klapperte mit den Zähnen und vollführte allerlei anderes wirres Zeug. Zwei Damen von den Philippinen, die in der Reihe vor uns saßen, starrten zu uns nach hinten. Ich konnte sehen, wie sie uns, die Augen knapp über der Rückenlehne, fixierten.

»Versuchen Sie es doch!«

Ich hatte den Kerl richtig aufs Korn genommen. »Ihr Gott ist ein Versager. Er ist ein Nichts!« Ich sage dir, es ließ sich bei uns hinten keine Stewardess mehr blicken, und die sechs Sitzreihen vor uns leerten sich ganz schnell. Ich weiß nicht, wohin diese anderen Passagiere verschwanden; sie waren einfach plötzlich weg.

»Ihr Gott ist ein Verlierer. Was für einen Blindgänger hat er denn hier neben mir platziert! Sie sind mir ja ein armseliger Repräsentant Ihres Gottes. Sie müssen aus Mülltonnen essen. Sie stinken. Wer würde schon Ihrem Gott dienen wollen?« Ich habe es dem Kerl so richtig gegeben.

Es war ein anderthalbstündiger Flug, und zwischen uns ging es die ganze Zeit so hin und her. Irgendwann sagte er: »Ich muss auf die Toilette.« Er stand auf und ging zur Toilette, und als er zurückkam, war er ganz ruhig. Ich weiß nicht, was er getan hatte, aber er hatte sich beruhigt. Er schaute aus dem Fenster und bemerkte: »Schöner Tag heute, nicht wahr?«

Ich antwortete: »Mit Jesus ist jeder Tag ein schöner Tag.« Sobald ich den Namen Jesu erwähnte, sprang er wieder auf und fing erneut an zu bellen. Dann drohte er mir und sagte: »Ich habe siebenundzwanzig Leute umgebracht und ihre Herzen als Menschenopfer dargebracht. Ich kann Sie verfluchen und in zwanzig Minuten sind Sie tot.«

Ich erwiderte: »Sprüche 26,2 sagt, dass ein unbegründeter Fluch nicht eintreten wird. Ich fordere Sie heraus! Verfluchen Sie mich. Es wird auf Sie selbst zurückfallen. Strengen Sie sich ruhig an!« Ich habe den Typen richtig herausgefordert.

Die Hexe zog aus

Er erklärte: »Ich würde für meinen Teufel sterben. Ich liebe meinen Teufel. Ich würde mein Leben für Satan hingeben.«

Ich entgegnete: »Sie sind schon gestorben. Sie sind schon tot und wissen es noch nicht einmal. Wer will schon so sein wie Sie?« Ich habe es ihm ordentlich gegeben. Natürlich habe ich ihm auch von der Güte Gottes erzählt und ihm die Gelegenheit gegeben, errettet zu werden. Aber er nahm es nicht an.

Du musst begreifen, dass Gott dich gesegnet hat, und dass niemand diesen Segen ungeschehen machen kann, es sei denn, du gerätst in Angst. Du bist von Gott gesegnet! Er hat seine Gunst über dich ausgesprochen.

R. W. Schambach erzählte mir eine Geschichte von einer Frau, die zum Gebet zu ihm kam. Sie sagte: »Bruder Schambach, würden Sie bitte für mich beten, dass ich eine neue Wohnung finde?«

»Warum müssen Sie denn eine neue Wohnung finden?«

»Die Frau nebenan ist eine Hexe. Sie kommt nachts, streut ein Pulver vor meine Haustür und sagt Zaubersprüche auf. Merkwürdige Dinge geschehen. Darum muss ich dort weg.«

Bruder Schambach antwortete: »Ich werde nicht für Sie beten. Wenn jemand dort weg muss, dann ist es die Hexe. Ich werde Ihnen sagen, was Sie zu tun haben.« Er flüsterte ihr etwas zu.

An diesem Abend ging sie nach Hause, machte das Licht aus, ging aber nicht zu Bett. Als die Hexe herüberkam und ihr Pulver vor die Haustür streute, öffnete die Frau die Tür, streifte ihre Schuhe von den Füßen und begann, auf Strümpfen tanzend, Gott zu preisen und zu rufen: »Danke, Jesus!« Sie trotzte der Hexe, und tags darauf zog diese aus.

Satan hat Angst vor dir!

Gott hat dich gesegnet, und dieser Segen kann von niemandem ungeschehen gemacht werden, es sei denn, *du selbst* setzt ihn außer Kraft. Du musst anfangen, an die Kraft eines Segens zu glauben.

> *Siehe, zu segnen habe ich empfangen; Er hat gesegnet, und ich kann es nicht abwenden! Er schaut kein Unrecht in Jakob, und er sieht kein Unheil in Israel. Der HERR, sein Gott, ist mit ihm, und man jubelt dem König zu in seiner Mitte.*
> *— 4. Mose 23,20–21*

Bileam sagte nicht, Gott habe kein Unrecht in Jakob gesehen, weil es da kein Unrecht gab. Bedenke, was Gott zu Mose gesagt hatte:

> *Und der HERR sprach zu Mose: Ich habe dieses Volk beobachtet, und siehe, es ist ein halsstarriges Volk. So lass mich nun, damit mein Zorn gegen sie entbrennt und ich sie verzehre; dich aber will ich zu einem großen Volk machen!*
> *— 2. Mose 32,9–10*

Gott wurde so zornig auf die Israeliten, dass er zu Mose sagte: »Geh mir aus dem Weg, lass mich. Ich werde sie alle vernichten und von vorne anfangen, indem ich eine ganz neue Nation aus dir entstehen lasse!« Der Herr sah Verdorbenheit und Unrecht, als es aber darum ging, dass der Feind Israel verfluchen wollte, kümmerte es ihn nicht, ob sie gut oder schlecht waren. Er ging mit ihnen auf der Grundlage des Bundes um. Israel hatte einen Bund mit Gott, und wenn jemand versuchte, sein Volk zu verfluchen, sagte Gott: »Ich sehe kein Unrecht in ihnen.«

Wusstest du, dass Gott auch dich auf der Grundlage eines Bundes behandelt, und zwar des neuen Bundes in Christus? Sobald jemand gegen dich Stellung bezieht, will Satan, dass du denkst: *Na ja, ich habe diese Behandlung verdient.* Die Wahrheit ist, dass du einen Bund mit Gott hast. Du bist von Gott gesegnet und es spielt keine Rolle, ob du alles tust, was du solltest, oder nicht. Selbst an deinem Tiefpunkt bist du immer noch stärker als der Teufel auf dem Gipfel seiner Macht. Es spielt keine Rolle, wie miserabel du lebst, du hast dennoch einen Bund mit Gott und solltest keine Furcht vor dem Teufel haben. Satan fürchtet sich vor dir (Jak 4,7)!

Widerstehe Krankheit

So hilft denn keine Zauberei gegen Jakob und keine Wahrsagerei gegen Israel. Zu seiner Zeit wird man von Jakob sagen und von Israel: Was hat Gott Großes getan!
— 4. Mose 23,23

Es gibt keine Zauberei und auch sonst kein Mittel gegen Gottes Volk. Wenn du wiedergeboren bist und Jesus in deinem Herzen lebt, bist du gesegnet. Wenn du verstehst und glaubst, dass du gesegnet bist, dass Gottes Gunst über dich ausgerufen ist, solltest du Krankheit und Leiden widerstehen. Du solltest Krebs und Armut widerstehen. Diese Dinge sind Flüche!

Wenn du dir hinsichtlich der Wahrheit, die ich dir hier schildere, nicht sicher bist, dann lies in 5. Mose 28 selbst nach. In den Versen 1 bis 14 wird aufgelistet, was Gott als Segnungen betrachtet, und in den Versen 15 bis 68 werden alle Flüche aufgeführt. Die Segnungen beinhalten Gesundheit, Wohlstand, Freude, Frieden, Überfluss und Befreiung von Feinden. Zu den Flüchen gehören negative Dinge wie Furunkel, Tumore, Pilzkrankheiten und alle Arten von Beschwerden und Krankheiten, selbst jene, die in diesem Kapitel gar nicht aufgeführt sind (siehe Vers 61). Positive Dinge werden als Segnungen aufgeführt, während negative Dinge als Flüche angesehen werden.

Religion kommt daher und sagt: »Gott hat dir Krebs auferlegt, um dich etwas zu lehren. Er hat das gemacht, um dich zu brechen und besser zu machen. Eigentlich ist es eine Segnung.« Krebs ist keine Segnung! Er ist ein Fluch.

Wehe denen, die Böses gut und Gutes böse nennen, die Finsternis zu Licht und Licht zu Finsternis erklären, die Bitteres süß und Süßes bitter nennen! — Jesaja 5,20

Religion

Religion hat viele Christen dazu gebracht, Krankheit als »gut« und Heilung als »vom Teufel« zu bezeichnen. Wie bitte? Religion entstellt und verdreht alles.

Du bist gesegnet. Wenn du das, was ich dir hier mitteile, erst einmal verstanden hast, wirst du Krankheit, Armut, emotionaler Labilität, Depression, Entmutigung, Furcht und jedem anderen Fluch widerstehen – weil du nicht verflucht bist, sondern gesegnet! Die Leute leben nicht in Gottes Fülle, weil sie der Lüge aufgesessen sind, dass das alles ganz normal sei und zum Leben dazugehöre. Aber das ist nicht wahr. Das muss nicht so bleiben. Wenn du ein Kind bekommen hast, dann musst du nicht an postnataler Depression leiden. Du musst nicht unter einer posttraumatischen Belastungsstörung (PTBS) leiden. Das ist ein Fluch. Schon viele Leute sind zu mir gekommen, die völlig von PTBS geheilt wurden, obwohl sie wirklich schlimme Situationen durchlebt hatten! Aber sie hörten diese Wahrheiten, wiesen den Fluch von sich und fingen an, im Segen zu wandeln.

Du hast Gott begrenzt. Du hast seinen Segen nicht empfangen. Gott hat dich gesegnet. Es gibt nichts, auch keine Zauberei, was gegen dich ankommen kann, es sei denn, du ermächtigst es durch eigenen Unglauben.

KAPITEL 16

Nur du

Dreimal segnete Bileam die Israeliten, anstatt sie zu verfluchen. Sieh dir diesen letzten Vers an:

> *Und Bileam machte sich auf und ging und kehrte an seinen Ort zurück; und Balak zog auch seines Weges.*
> *— 4. Mose 24,25*

Dies scheint das Ende von Bileams Geschichte zu sein. Viele Leute denken, dass Bileams Sünde, für die er im Neuen Testament gerügt wurde, darin lag, dass er hinging, um Balak zu treffen, wobei der Engel am Weg stand, um ihn zu töten. Ja, das war nicht richtig von ihm und der Engel hätte ihn getötet, aber das Neue Testament rügt Bileam für etwas anderes.

> *Und dem Engel der Gemeinde in Pergamus schreibe: Das sagt, der das scharfe zweischneidige Schwert hat: Ich kenne deine Werke und [weiß,] wo du wohnst: da, wo der Thron des Satans ist, und dass du an meinem Namen festhältst und den Glauben an mich nicht verleugnet hast, auch in den Tagen, in denen Antipas mein treuer Zeuge war, der bei euch getötet wurde, da, wo der Satan wohnt. Aber ich habe ein weniges gegen dich, dass du dort solche hast, die an der Lehre Bileams festhalten, der den Balak lehrte, einen Anstoß zur Sünde vor*

die Kinder Israels zu legen, sodass sie Götzenopfer aßen und Unzucht trieben. — Offenbarung 2,12–14

Hier offenbart uns das Neue Testament, was Bileam eigentlich tat. Er lehrte Balak, den Israeliten einen Stolperstein hinzuwerfen: sie zu verlocken, Götzenopfer zu essen und Unzucht zu treiben. Wo wird von dieser Begebenheit berichtet? Schau dir die ersten Verse in 4. Mose 25 an, unmittelbar nachdem Bileam in seine Heimat zurückkehrte und Balak nach Hause ging.

Die Plage

Und Israel ließ sich in Sittim nieder; und das Volk fing an, Unzucht zu treiben mit den Töchtern der Moabiter, und diese luden das Volk zu den Opfern ihrer Götter ein. Und das Volk aß mit ihnen und betete ihre Götter an. Und Israel begab sich unter das Joch des Baal-Peor. Da entbrannte der Zorn des HERRN über Israel. — 4. Mose 25,1–3

Mose befahl den Obersten des Volkes, durch das Lager zu gehen und alle Israeliten zu töten, die sich am Götzendienst und an der Unzucht beteiligt hatten.

Die Zahl derer aber, die an dieser Plage starben, war 24.000. — 4. Mose 25,9

Folgendes ist passiert: Bileam versuchte, die Israeliten zu verfluchen, konnte es aber nicht tun, weil Gott es ihm nicht erlaubte, und so endete es damit, dass er einen Segen aussprach. Aber er sagte zu Balak: »Du kannst die Juden nicht verfluchen. Um besiegt werden zu können, müssen sie sich selbst verfluchen. Sie müssen den Bund mit ihrem Gott brechen. Sie selbst sind die Einzigen, die den Segen aufhalten können.« Er riet Balak, die Israeliten dazu zu verleiten, sich mit den moabitischen Frauen einzulassen. Deren Baals-Götzendienst war ein sexueller Kult. Der Geschlechtsverkehr war tatsächlich Teil des Rituals. So verführten die moabitischen Frauen die Israeliten dazu, sich vor ihrem Götzen zu verbeugen, die ihm dargebrachten Opfer zu essen und in Anbetung ihres Götzen Sex mit ihnen zu haben. Viele Israeliten beteiligten sich daran, und der Zorn Gottes kam auf sie. Gottes Volk konnte nur überwunden werden, wenn es seinen eigenen Bund missachtete.

Bestätigt wird dies in 4. Mose 31. Gott befahl Israel, Rache an den Midianitern zu nehmen (4Mo 31,1–2), und zwar an ganz Midian – mit allem, was dazugehörte! Dies war die letzte Anweisung, die Mose vor seinem Tod von Gott erhielt. Nun führten die Israeliten zwar das meiste von dem aus, was ihnen befohlen worden war, aber sie hielten Beute und Viehherden zurück und ließen Frauen und Kinder am Leben. Mose war darüber sehr aufgebracht.

> *Und Mose sprach zu ihnen: Habt ihr alle Frauen am Leben gelassen? Siehe, sie haben ja in der Sache des Peor durch den Rat Bileams die Kinder Israels vom HERRN abgewandt, sodass der Gemeinde des HERRN die Plage widerfuhr!*
> *— 4. Mose 31,15–16*

Deine Entscheidung!

Bevor Christus kam und den neuen Bund aufrichtete, gab es für Menschen, die sich durch Götzendienst den Dämonen hingegeben hatten, kein Heilmittel. In jenen Zeiten, als es noch keine

Wiedergeburt gab, konnten die Menschen nicht von Besessenheit befreit werden. So wie man das Krebsgeschwür herausschneidet, um das Leben eines Patienten zu retten, musste die Menschheit damals von dämonisierten Leuten gereinigt werden. Es war letztlich ein Akt der Barmherzigkeit gegenüber der gesamten Menschheit, alle Männer, Frauen, Kinder und Tiere zu töten, die teilhatten an dämonischen Ritualen. Es verhinderte, dass sich das Böse weiter ausbreitete, und beschützte das, was an Reinheit übriggeblieben war.

Gott hatte befohlen, die Götzenanbeter sowie alle von Dämonen Besessenen zu töten; sein Befehl erstreckte sich dabei auf jedes Lebewesen. Die Israeliten allerdings ließen die Frauen am Leben. Sie nahmen sie mit zu ihren Ehefrauen. Die Kinder ließen sie ebenfalls am Leben, genauso wie die Viehherden, und sie machten auch noch andere Beute. Das regte Mose auf, weil er sich daran erinnerte, dass Frauen wie diese, die nach dem Ratschlag Bileams agierten, viele Israeliten vom rechten Weg abgebracht hatten. Sie hatten sie in ihre dämonische Anbetung mit hineingezogen, und 24.000 Menschen waren deshalb durch die Plage zu Tode gekommen (4Mo 25,9).

Sobald der Segen Gottes ausgesprochen und aktiviert ist, kann er nicht mehr rückgängig gemacht werden. Keine Zauberei kann dagegen etwas bewirken. Nichts in diesem Universum kann den Segen Gottes aufhalten, außer dir selbst! Gott hat gegeben und er wird es nicht bereuen (4Mo 23,19). Er wird sich nicht ändern. Du bist gesegnet, gesegnet und nochmal gesegnet. Satan kann das nicht verhindern. Ob du Gottes Segen empfängst, liegt weder an Gott noch am Teufel. Es liegt einzig und allein an dir. Du ganz allein bestimmst, ob Gottes Segen in deinem Leben verwirklicht wird oder nicht. Du bist die einzige Person, die den Fluch ermächtigen kann. Es hängt zu 100 Prozent an dir!

»Aber Andrew, damit sagst du ja, dass es mein Fehler ist, dass die Dinge in meinem Leben so sind, wie sie sind.« Ja, ganz genau. Ich sage, dass dein Leben in die Richtung läuft, die dein Denken vorgibt. Wenn du zum Beispiel denkst: *Ich bin nur ein Mensch. Der Arzt hat gesagt, dass es Krebs ist. Was kann ich da schon machen? Krebs ist nun mal unheilbar!*, dann bist du derjenige, der dem Krebs diese Bedeutung beimisst. Du bist es, der an den Fluch glaubt, negative Dinge annimmt und Gottes Worte außer Acht lässt. In 5. Mose 28 heißt es, dass keine Krankheit, kein Leiden und kein Angriffsversuch dich je erfolgreich aufhalten werden. Keiner deiner Feinde wird dir jemals standhalten. Gott hat einen Segen über dich ausgesprochen. Wenn du nicht erlebst, dass dieser Segen in Kraft tritt, dann deshalb, weil du nicht daran glaubst. Du hast dich entschieden, an den Fluch und an die negativen Dinge zu glauben. Es ist deine Entscheidung, ob du das alles so sehen willst und sagst: »Ich bin nur ein Mensch.«

Ich bin nicht nur menschlich. Ein Drittel von mir ist durch und durch mit Heiligem Geist erfüllt! Ich wurde wiedergeboren. Ich bin übernatürlich. Ich werde nicht so leben wie eine Person, die den Herrn nicht kennt. Ich bin nicht so wie meine Nachbarn, die Jesus nicht kennen. Ich bin wiedergeboren. Ich habe die Kraft Gottes in mir. Ich habe die Wahl. Werde ich an den Segen glauben, den Gott auf mich gelegt hat, oder werde ich mich wirklich nur als Mensch sehen?

Stärker

Vielleicht konntest du keine Kinder bekommen. In 5. Mose 7,14 heißt es:

Gesegnet wirst du sein vor allen Völkern. Es wird kein Unfruchtbarer und keine Unfruchtbare unter dir sein, auch nicht unter deinem Vieh.

Und in 2. Mose 23,26 steht:

Es soll keine Fehlgebärende oder Unfruchtbare in deinem Land sein; ich will die Zahl deiner Tage vollmachen.

Hier geht es um Unfruchtbarkeit und Fehlgeburten. Du wurdest gesegnet im Hinblick auf Empfängnis und Niederkunft. Verdamme ich damit jemanden, der kein Kind zeugen bzw. empfangen konnte oder eine Fehlgeburt erlitten hat? Nein. An solchen Personen ist nichts auszusetzen, außer dass sie den Segen nicht kennen. Sie haben nicht daran geglaubt. Der Segen muss mit dem Glauben verbunden werden. Diese Verheißungen müssen im Glauben in Anspruch genommen werden. Die Betroffenen haben an eine Lüge geglaubt, die besagt: »Manche Leute können eben keine Kinder bekommen. Das ist nun mal so.« Sie entscheiden selbst, daran zu glauben, aber sie könnten stattdessen auch an das glauben, was Gottes Wort sagt. Ich habe mit Tausenden von Menschen gebetet, die keine Kinder bekommen konnten, und habe den Segen von 5. Mose 7,14 über sie ausgesprochen. Sie hatten es aufgegeben, daran zu glauben, dass es für sie möglich wäre, ein Kind zu bekommen. Überall auf der Welt gibt es nun Kinder, die man Andrew genannt hat. In Uganda gibt es einen Jungen, dem man den Namen Andrew Wommack gegeben hat. Ich reise jedes Jahr dorthin und lasse ein Foto von mir mit ihm auf meinem Schoß machen.

Es gibt nichts, wovon du nicht befreit werden könntest. Schlag deine Bibel auf. Finde heraus, was der Herr über dich sagt, und verbinde es mit Glauben. Der Segen ist stärker als der Fluch!

Sprich das Positive aus

Satan verflucht uns. Menschen verfluchen uns. Andauernd sagen sie negative Dinge zu und über uns. Aber wenn du auf einen solchen Fluch nicht mit Furcht reagierst, ist er unverdient, und ein unverdienter Fluch trifft nicht ein (Spr 26,2).

Furcht ist letztlich Glaube an die falsche Sache. Wenn jemand dich verflucht und sagt: »Du schaffst das nie, du wirst sterben« oder »Es ist aus, du bist pleite«, dann musst du an diesen Fluch zuerst glauben, um ihn zu ermächtigen. Wenn du aber auf einen Fluch nicht reagierst, dann ist er unverdient. Er wird nicht eintreffen. Wenn du dich dem nicht selbst auslieferst, wird es keinen Einfluss auf dich haben. Du ermächtigst den Fluch, und ebenso ermächtigst du Segen.

Ich weiß, dass Flüche nicht absichtlich ermächtigt werden. Die meisten Menschen wollen sich gar nicht selbst verfluchen, und trotzdem tun sie es die ganze Zeit. Wenn jemand sie fragt: »Wie geht es dir?«, antworten sie: »Nun, der Arzt sagt, ich werde sterben. Ich habe …«, und dann sprechen sie all diese negativen Dinge aus. Ihr Reden entspringt ihrem Zweifel und ihrem Unglauben.

Tod und Leben sind in der Gewalt der Zunge.
— Sprüche 18,21 ELB

»Aber Andrew, soll ich denn verleugnen, dass ich ein Problem habe?« Nein, du musst nicht verleugnen, dass du ein Problem hast. Weißt du, das ist der Punkt, an dem manche sich angegriffen fühlen und sich abwenden. Hätte ich irgendein Problem, würdest du mich vielleicht sagen hören: »Okay, ich habe das, aber …«, und dann würde ich die Richtung wechseln und die größere Wahrheit aussprechen: »Ich mag dies haben, aber im Namen Jesu bin ich geheilt. Diese Sache wird nachgeben müssen.« Ich würde das Positive aussprechen.

Segne dich selbst!

Ich verleugne nicht das Natürliche, aber ich bestreite, dass der natürliche Bereich alles ist. Wenn ich ein Problem habe, leugne ich es nicht, aber ich spreche dem Problem ab, dass es gewinnen wird. Ich werde das Problem überwinden. Ich werde den Glauben Gottes aussprechen!

Manche Menschen reden das Unglück förmlich herbei. Sie sprechen nur das aus, was sie fühlen: »Es heißt, dass wir in einer Rezession sind und alle ihren Job verlieren werden. Ich bin sicher, wenn sie jemanden entlassen, dann werde ich der Erste sein.« Wenn du so redest, verfluchst du dich damit selbst. »Also, ich kann nie irgendetwas richtig machen. Ich habe es einfach nicht drauf.« »Du verstehst das nicht. Es liegt an meiner Hautfarbe.« »Ich habe nun mal keine ordentliche Ausbildung. Ich komme aus schwierigen Verhältnissen. Wir lebten im falschen Viertel.« Das sind alles Flüche, und du selbst bist derjenige, der sie ermächtigt. Es gibt haufenweise Beispiele von Leuten, die es ungeachtet ihrer Hautfarbe, ihrer Herkunft, ihres Wohnortes oder ihrer sozialen Lage geschafft haben.

Verfluche dich doch nicht selbst, indem du sagst: »Es liegt halt an meiner Hautfarbe, dass die Leute mich so behandeln.« Du lässt das zu. Du bist derjenige, der das ermächtigt. Du musst nicht so denken. Segne dich selbst!

Ich absolvierte meine militärische Grundausbildung zu einer Zeit, als die ethnischen Beziehungen in Amerika sehr angespannt waren. Aufgrund der Art und Weise, wie Schwarze misshandelt wurden, stellte sich die Regierung auf ihre Seite. Wenn also ein

Weißer damals in einen Streit oder in eine Schlägerei mit einem Schwarzen geriet, hatten die Weißen immer Unrecht. Als Weißer hattest du keine Chance.

In meiner Baracke waren fünfzig Leute untergebracht, fünfunddreißig Schwarze und fünfzehn Weiße. Es gab einen Rassenaufstand. Sie schnappten sich alle weißen Burschen in der Baracke und schlugen ihre Köpfe auf den Betonboden, bis der Abfluss von Blut verstopft war. Ich war der einzige Weiße, der nicht angegriffen wurde. Der schwarze Typ, der alles angezettelt hatte, war im zivilen Leben ein Zuhälter. Unser Ausbildungsoffizier war kein Christ, und als der den früheren »Beruf« dieses Kerls herausfand, muss er gedacht haben: *Du kommst mir gerade recht*, denn er machte ihn zum Aufseher in unserer Baracke. Ich hatte dem Mann Zeugnis gegeben. Ich hatte mich vor ihn hin gestellt und gesagt: »Es ist nicht gut, so zu leben.« Sein Vater war Baptistenpastor, und so wusste er es eigentlich besser. Er respektierte mich. Obwohl er gottlos war, respektierte er mich.

»Gott, hilf mir!«

Als er und die anderen zu mir kamen, war ich der letzte Weiße, der noch übrig war. Selbst wenn meine Ausgangslage besser gewesen wäre, war ich dennoch kein Kämpfertyp. Ich lag einfach nur auf meinem Feldbett und betete: »Gott, hilf mir!« Alle anderen weißen Männer unserer Baracke lagen schon auf der Krankenstation. Dieser Kerl kam, packte mich und zog mich hoch. Als er mich ansah, bemerkte er, wer ich war, und stieß mich geradewegs zurück aufs Feldbett. Dann legte er sich auf sein eigenes Feldbett und damit war die Sache vorbei. Gott beschützte mich. Ich war der einzige weiße Kamerad, der nicht in der Krankenstube landete.

Die Schwarzen im angrenzenden Innenhof nahmen einen Klappspaten und schlugen damit einem weißen Offiziersanwärter wiederholt brutal ins Gesicht. Er starb daran. Sie spuckten mich an und taten andere Dinge. Das erlebte ich während meiner Grundausbildung. Ich erzähle das, um zu erklären, dass ich mehr unter Schwarzen gelitten habe als viele Schwarze unter Weißen. Ich bin darüber nicht wütend und ich hasse niemanden, nur weil er schwarz ist. Ich habe keine Vorbehalte gegen Menschen dieser Hautfarbe. Ich stelle niemanden unter Generalverdacht. Ich bin darüber hinweggekommen.

Wenn dich jemand misshandelt hat, dann musst auch du darüber hinwegkommen. Mach dich selbst davon frei, indem du der Person vergibst und dann nach vorne blickst. Vor langer Zeit wurdest du verletzt und du trägst das immer noch mit dir herum. Leg es ab. Komm darüber hinweg. Fehlende Vergebungsbereitschaft und Hass ermächtigen den Fluch und blockieren den Segen. Ich bin von anderen Menschen zeitweise furchtbar behandelt worden, aber ich bin nicht verbittert. Ich ärgere mich nicht darüber. Ich bin darüber hinweg und ich bin gesegnet. Wen kümmert es schon, was andere mir angetan haben? Ich weigere mich, irgendjemandes Opfer zu sein. Jesus hat mich frei gemacht! Ich konzentriere mich auf den Segen, und nicht auf den Fluch. Du bist derjenige, der den Fluch über dich ermächtigt, wenn du die Verletzung nicht loslässt, die dir irgendjemand zugefügt hat.

Du kannst das Verhalten anderer Menschen nicht kontrollieren. Du kannst nur dein eigenes Verhalten steuern, und die meisten von uns täten gut daran, sich hierin wirklich zu verbessern (Gal 5,22–23). Es spielt doch keine Rolle, wer dir was angetan hat. Jesus ist derjenige, der dich befreit hat, nur das ist wichtig. Du bist gesegnet, gesegnet und nochmal gesegnet. Gott hat dich gesegnet, und das kann nicht zurückgenommen werden! Du selbst bist der

Einzige, der den Segen Gottes aufhalten kann. Ob du Mann oder Frau bist, gut ausgebildet bist oder nicht, ob du Schlimmes erlebt hast, das alles spielt keine Rolle; nur du allein kannst dich begrenzen, indem du glaubst, dass du bestimmte Dinge nicht tun oder erreichen kannst.

Wir müssen anfangen zu glauben, dass wir gesegnet sind. Wir müssen aufhören, den Fluch zu fürchten, und stattdessen damit beginnen, den Segen durch Glauben zu ermächtigen. Wir wollen keine Angst mehr vor dem haben, was Leute über uns gesagt oder was sie uns angetan haben. Wir müssen anfangen, im Segen Gottes zu leben. So können wir wirklich empfangen!

»Ich bin gesegnet«

Zu wissen, dass Gott mir seinen Segen niemals entziehen wird, selbst wenn ich nicht alles richtig mache, begeistert mich. Selbst wenn ich es nicht schaffe, nach seinem Standard zu leben, sieht er kein Unrecht in mir. Ist das nicht großartig? Gott behandelt mich auf der Grundlage des neuen Bundes. Ich bin gesegnet, und Gott wird das nicht rückgängig machen. Er wird seinen Segen niemals von mir nehmen. Halleluja! Gelobt sei Gott! Kannst du nun sehen, dass du gesegnet bist?

Gottes Segnungen werden durch Sprechen aktiviert. Du musst sie aussprechen: »Ich sage zu dem HERRN: Meine Zuflucht und meine Burg, mein Gott, auf den ich traue!« (Ps 91,2). Worte haben alles erschaffen (Hebr 11,3). Sie haben dich und mich erschaffen und alles, was man im Natürlichen sehen kann. Worte sind die übergeordnete Kraft. Alles wird auf Worte reagieren. Also fang an, deinen Segen auszusprechen!

Wenn man mich fragt, wie es mir geht, antworte ich: »Ich bin gesegnet.« Es kamen schon Leute zu mir, die sagten: »Schon gut, ich weiß, was in der Bibel steht, aber ich will wissen, wie es dir wirklich geht.« Dann sage ich: »Ich bin wirklich gesegnet.«

Sie sagen daraufhin: »Ich will aber wissen, wie du dich fühlst.« Wen interessiert, wie ich mich fühle? Ich bin gesegnet, gesegnet, gesegnet. Ich bin der Kopf und nicht der Schwanz. Ich bin oben und nicht unten. Danke, Vater!

»Aber nicht heute!«

Gott gab seinen Sohn, um uns zu segnen. Nichts, was der Teufel oder sonst jemand tun kann, wird jemals den Segen Gottes in deinem Leben ungeschehen machen. Du bist gesegnet, also nimm es im Glauben an. Ermutige dich selbst. Sprich zu dir selbst und sage: »Ich bin gesegnet.«

Wenn der Arzt sagt, dass du sterben wirst, erwidere: »Aber nicht heute, Preis sei Gott.«

Ein Freund von mir saß einmal einem Arzt gegenüber, der zu ihm sagte: »Sie werden sterben.«

Er antwortete: »Ach, kein Problem.« Der Arzt sagte: »Sie haben mich nicht richtig verstanden!« Dieser Wortwechsel ging noch eine Weile so weiter, bis der Arzt schließlich sagte: »Sie sind am Ende. Sie werden sterben.«

Mein Freund schaute dem Doktor in die Augen und erklärte: »Sie ebenfalls! Wir werden alle sterben. Aber ich werde nicht heute sterben.« Das ist Jahre her, und dieser Freund lebt immer noch und es geht ihm gut.

Du bist gesegnet. Danke, Vater, dass du uns segnest!

KAPITEL 17

Erlöst

Wenn du nicht erfolgreich bist, liegt der Grund dafür allein darin, dass du den Segen Gottes blockierst, indem du an eine Lüge glaubst.

Ich vermag alles durch den, der mich stark macht, Christus. — Philipper 4,13

Dieser Vers ist ein Segen. Wenn du das, was du in diesem Vers liest, mit Glauben verbindest, dann ist dir alles möglich. Du musst groß träumen und dir von Gott im Glauben große Dinge erwarten! Seine göttliche Gunst wurde über dich ausgesprochen.

Wahrlich, wahrlich, ich sage euch: Wer an mich glaubt, der wird die Werke auch tun, die ich tue, und wird größere als diese tun, weil ich zu meinem Vater gehe. — Johannes 14,12

Dieser Vers ist ein Segen. Jesus hat diese Worte gesprochen. Er erklärte: »Alles, was ich getan habe, könnt auch ihr tun.« Warum erleben wir dann nicht, dass Tote auferweckt, blinde Augen geöffnet und taube Ohren geheilt werden? Warum erleben wir nicht, dass Wunder geschehen, wie Jesus sie tat? Er sagte: »Ihr könnt die Werke tun, die ich tue.«

Vor vielen Jahren predigte ich einmal in einer Gemeinde in Texas über diesen Vers. Vom Sonntag bis zum Mittwoch diente ich dort jeden Tag und beleuchtete nur diesen einen Vers. Es traf den Pastor wirklich ins Herz. Als er am darauffolgenden Sonntagmorgen ans Pult trat, griff er für seine Predigt diesen Vers aus Johannes 14,12 auf und sagte: »Wisst ihr was? Ich habe diesen Vers schon früher gehört. Ich konnte ihn zitieren, aber ich glaubte nicht daran. Von jetzt an glaube ich, dass wir die Werke tun können, die Jesus tat. Wir werden erleben, dass Tote auferweckt und Kranke geheilt werden und Wunder geschehen!« Er fing an, es auszusprechen, es zu bekennen und sich in diese Richtung zu bewegen.

»Ich bin geheilt«

Während er an diesem Vormittag predigte, stand ein Mann auf, griff sich an die Brust und fiel aufgrund eines Herzinfarkts tot um. Eine Frau in der Gemeinde, die ausgebildete Krankenschwester war, stellte vor versammelter Gemeinde seinen Tod fest, woraufhin jemand den Notruf wählte. Obwohl die Feuerwache direkt auf der anderen Straßenseite war, vergingen zwanzig Minuten, bevor Rettungssanitäter im Saal auftauchten. Während die Leute noch auf die Notfallhelfer warteten, wussten sie nicht, was sie tun sollten, also standen sie einfach herum. Da wurde dem Pastor plötzlich bewusst: *Das ist doch genau das, worüber ich predige!* Also beugte er sich hinunter und betete für den Mann. Dieser Mann setzte sich auf, zurück von den Toten, und war vollkommen geheilt.

Als die Sanitäter ankamen, nahmen sie den Mann mit ins Krankenhaus, obwohl dieser protestierte und sagte: »Ich sage Ihnen doch, dass ich nicht ins Krankenhaus muss.« Als der Mann aus der Notaufnahme entlassen wurde und ein Taxi nehmen musste, um zum Gemeindegebäude zurückzufahren und sein Auto abzuholen, ließ er den Pastor die Taxikosten übernehmen und sagte: »Ich hab doch gesagt, dass ich nicht ins Krankenhaus muss.« Von da an erlebte diese Gemeinde Wunder, weil einer begann, an den Segen zu glauben, den Jesus über sie ausgesprochen hatte.

Gepriesen sei der Gott und Vater unseres Herrn Jesus Christus, der uns gesegnet hat [Vergangenheitsform] mit jedem geistlichen Segen in den himmlischen Regionen in Christus. — Epheser 1,3

Du bist in jeder Hinsicht gesegnet! Du wirst niemals etwas brauchen, für das Gott nicht schon vorgesorgt hätte. Der Herr muss sich nicht plötzlich auf deine Situation einstellen. Gott fällt nicht erst in dem Moment auf, dass du in Schwierigkeiten bist, wenn du es selbst feststellst. Er weiß schon im Voraus, welche Dinge geschehen werden, und bevor du überhaupt ein Problem hast, ist die Versorgung längst gesichert (Phil 4,19). Gott hat für alles Vorsorge getroffen, lange bevor du überhaupt ein Bedürfnis hattest.

Erreichbar durch Glauben

Ungeachtet dessen, was wir gerade durchmachen, können wir uns entscheiden, die Augen auf Jesus gerichtet zu halten (Hebr 12,1–3). Unabhängig von der Situation oder den Umständen können wir uns entscheiden, unsere Gedanken auf die Verheißungen Gottes ausgerichtet zu halten. Es ist sehr tröstlich zu wissen, wie sehr Gott uns liebt und für uns sorgt. Es spielt keine Rolle, ob der Arzt dir sagt, dass du sterben werdest, oder ob das Weltende bevorsteht, denn die Bibel sagt:

Gott ist unsere Zuflucht und Stärke, ein Helfer, bewährt in Nöten. Darum fürchten wir uns nicht, wenn auch die Erde umgekehrt wird und die Berge mitten ins Meer sinken.
— Psalm 46,2–3

Du kannst erklären: »Ich aber will dem Herrn vertrauen!« Du kannst dahin kommen, dass du sagst: »Gott, es ist mir egal, was passiert. Ob Erdbeben, Tsunami, Rezession, Epidemie oder andere Angriffe – es interessiert mich nicht, denn ich bin gesegnet! Du hast vorgesorgt, bevor ich überhaupt irgendein Bedürfnis hatte, und was immer ich durchmache, ich werde meine Augen auf dich gerichtet halten! Nichts wird mich zerstören.« Du kannst zu diesem Punkt gelangen. Der Glaube ermöglicht es.

Du bist bereits mit jedem geistlichen Segen gesegnet (Eph 1,3). Es ist schon vollbracht. Diese Tatsache sollte dich aufspringen und jubeln lassen! Aus irgendeinem Grund übersehen die meisten Christen diese Wahrheit jedoch. Also lass mich dir diese Sache noch etwas näher erläutern, angefangen mit 5. Mose 28.

Zunächst musst du wissen, wie man das Alte Testament richtig auslegt. Das Alte Testament ist nicht das Neue Testament; da gibt es einen Unterschied. Im Alten Testament waren Segnungen abhängig von der Leistung einer Person. Im Neuen Testament hängt alles von dem ab, was Jesus getan hat, und davon, ob du daran glaubst oder nicht. Wenn du an Jesus glaubst, bekommst du alles, was Gott bereits zur Verfügung gestellt hat, ob du es verdient hast oder nicht. Im Neuen Testament bekommt niemand, was er verdient. Im Alten Testament bekam jeder, was er verdiente. Entweder musste man damals heilig leben, oder man musste all diese Opfer bringen und sich, bildlich gesprochen, ein Bein ausreißen, um all die Voraussetzungen für Heiligkeit zu erfüllen. Im Neuen Testament wurde schon für alles gesorgt und dir zur Verfügung gestellt; und um es zu empfangen, musst du einfach Jesus annehmen. Wenn du den Herrn annimmst, steht dir alles zur Verfügung, was er anzubieten hat.

Verfügbar durch Jesus

So werden nun die, welche aus Glauben sind, gesegnet mit dem gläubigen Abraham. ... Christus hat uns losgekauft von dem Fluch des Gesetzes, indem er ein Fluch wurde um unsertwillen (denn es steht geschrieben: »Verflucht ist jeder, der am Holz hängt«). — Galater 3,9.13

Ein Fluch wurde ausgesprochen über jeden, der am Holz hing. Als Jesus also am Holz (dem Kreuz) gekreuzigt wurde, zog er den Fluch auf sich. Er wurde um unseretwillen zum Fluch gemacht, um uns vom Fluch zu erlösen, »damit der Segen Abrahams zu den Heiden komme in Christus Jesus, damit wir durch den Glauben den Geist empfingen, der verheißen worden war« (Gal 3,14).

Alle Segnungen des Alten Testaments, die von der Leistung der Menschen abhängig waren, wurden nun durch Jesus verfügbar gemacht. Selbst wenn wir nicht alles richtig machen, sind wir aufgrund unseres Glaubens an Jesus dennoch gesegnet. Das ist gewaltig!

»Alle«

Unter dem alten Bund hingen die Segnungen von der Leistung der jeweiligen Person ab.

Es wird aber geschehen, wenn du der Stimme des HERRN, deines Gottes, wirklich gehorchst und darauf achtest, ***alle*** *seine Gebote zu tun, die ich dir heute gebiete, dann wird dich der HERR, dein Gott, als höchstes über alle Völker der Erde setzen. Und alle diese Segnungen werden über dich kommen und dich erreichen, wenn du der Stimme des HERRN, deines Gottes, gehorchst. — 5. Mose 28,1–2*

Ich habe tatsächlich schon Leute sagen hören: »Gott will dich segnen, aber du bist nicht richtig gehorsam. Du musst dich mehr anstrengen! Wenn du jeden Tag eine Stunde betest, dann bete jetzt zwei Stunden. Wenn du bisher zehn Prozent gegeben hast, dann gib jetzt zwanzig Prozent. Liebe mehr, diene mehr, tu mehr.« So lehren sie und behaupten damit, dass der Segen nicht in dein Leben gekommen sei, weil du den Anforderungen nicht entsprochen habest.

Beachte, dass in 5. Mose 28,1 »alle seine Gebote zu tun« steht. Diese Formulierung bedeutet nicht: Tue »so viel du eben schaffst«, »mehr, als du bisher gemacht hast«, »mehr als eine andere Person« oder »verhältnismäßig viel«. Es wird ausgesagt, dass du ALLE Gebote halten *musst*. Wenn du nicht alle Gebote hältst, wirst du nicht die Segnungen empfangen, die in 5. Mose 28,1–14 aufgeführt sind, sondern bekommst die Flüche, die in den Versen 15–68 stehen. So interpretieren viele heutige Christen diese Verse fälschlicherweise und schlussfolgern daher: *Kein Wunder, dass es mir so schlecht geht! Ich habe ja dies und das getan und dieses und jenes unterlassen.*

Neulich erzählte mir ein Mann, wie er von seiner Sucht frei wurde, als er erfuhr, dass er wegen seines Rauchens nicht in die Hölle wandern würde. Ich hatte ihm gesagt: »Du fährst gewiss nicht in die Hölle, wenn du rauchst, auch wenn du so riechst, als wärest du schon dort gewesen!« Diese Wahrheit hat ihn freigesetzt, und jetzt raucht er nicht mehr. Sie hat die Abhängigkeit gebrochen, die sein Leben beherrschte.

So viele Leute sagen: »Wenn du dieses oder jenes tust, kommst du dafür in die Hölle. Du verlierst deine Erlösung!« Damit machen sie alles von der Leistung einer Person abhängig. Sie tun dies aufgrund von Bibelstellen wie 5. Mose 28,1–2, aber wir müssen diese alttestamentliche Schriftstelle im Licht des Neuen Testaments auslegen. Wir sind jetzt durch Jesus vom Fluch des Gesetzes befreit (Gal 3,13). Wir – also auch du und ich – sind durch Christus von den in 5. Mose 28,15–68 aufgelisteten Flüchen erlöst.

Du solltest diese Liste von Flüchen mal lesen. So sieht das Leben vieler Menschen aus! Krankheit und Leiden sind mit auf dieser Liste. Das sind keine Segnungen, sondern Flüche. Leute leben mit diesen Dingen und wissen nicht, dass diese Teil des Fluches sind, von dem sie in Wahrheit befreit sind. Wer in Christus ist, muss keinen Fluch in seinem Leben haben!

Die Augen auf den neuen Bund gerichtet

Wenn man 5. Mose 28 mit Augen liest, die auf den neuen Bund gerichtet sind, dann heißt es: »Alle diese Segnungen gehören nun mir in Christus, denn Jesus hat gewissenhaft alle Gebote erfüllt. Weil er das getan hat und weil ich im Glauben mein Vertrauen auf ihn setze, werden alle diese Segnungen auf mich kommen. Alle Flüche, die hier geschrieben stehen, werden jetzt zu Segnungen umgewandelt. Alles, was hier als Fluch geschrieben steht, gilt nicht für mich. Ich bin nicht unter diesem Fluch, also empfange ich das genaue Gegenteil!«

Als Jamie und ich damals am Anfang unserer Ehe und unseres Dienstes standen, lebten wir in kläglichen Umständen. Wir wohnten einmal in einem Haus, das keinerlei Isolierung besaß. Wenn das Haus im Winter überhaupt mal warm wurde, kroch die Kälte doch ganz schnell wieder hinein. Die Wände wurden feucht und das Kondenswasser lief an ihnen herunter. Ganz schlimm war es in den Einbauschränken, weil dort weder die Luft zirkulierte noch Sonnenlicht hinkam, deshalb hatten wir Schimmel in unseren Schränken. Wusstest du, dass Schimmel ein Teil des Fluches ist?

> *Der Herr wird dich mit … Schimmel schlagen.*
> *— 5. Mose 28,22 KJV*

Schimmel ist ein Fluch, also öffneten Jamie und ich die Türen unserer Schränke und lasen 5. Mose 28,22. Wir sagten: »Schimmel, du bist ein Fluch.« Dann schlugen wir Galater 3,13 auf und proklamierten: »Christus hat uns vom Fluch erlöst, und deshalb, Schimmel, verschwinde von unseren Wänden!« Wir befahlen diesem Schimmel zu verschwinden. Der Schimmel verschwand, ohne dass wir die Flächen mit Chemikalien oder anderem hätten behandeln müssen. Wir verfluchten einfach den Fluch.

Vielleicht sagst du jetzt: »Also das glaube ich nicht.« In dem Fall wird es bei dir auch nicht funktionieren. Du glaubst eben nicht an die Kraft eines Segens. Du glaubst nicht daran, dass Jesus dich vom Fluch erlöst hat, wie es in Galater 3,13 steht. Jamie und ich glaubten an das Wort, und weil wir glaubten, sprachen wir zum Schimmel, und er verschwand.

Du wurdest von allen Flüchen befreit, die in 5. Mose 28,15–68 aufgeführt sind. Du solltest sie durchlesen und dir selbst ein Bild von den Flüchen machen, die du alle verfluchen kannst. Alle Segnungen sind nun durch Glauben an Christus auf dich gekommen. Du bekommst den Segen nicht deshalb, weil du alles richtig gemacht hättest, sondern weil Jesus alles richtig gemacht hat.

KAPITEL 18

Wähle das Leben

Gesegnet wirst du sein in der Stadt und gesegnet auf dem Feld. — 5. Mose 28,3

Ganz egal, wo du lebst, du bist gesegnet. Manche Menschen denken: *Auf dem Land werde ich es nie zu irgendetwas bringen. Ich muss in die Stadt ziehen, um einen guten Job zu finden.* Wenn du dem Wort Gottes Glauben schenken würdest, könntest du auch auf dem Land gesegnet sein. Andere denken: *Ich lebe in der Stadt, und das ist echt lausig. Hier ist alles so beschwerlich. Ich muss aufs Land ziehen.* Nein, du bist in der Stadt gesegnet, und du bist auch im ländlichen Umfeld gesegnet. Es spielt keine Rolle, wo du lebst. Dein Wohlergehen hängt nicht von deinem Wohnort ab, wenn du auf Gott vertraust (5Mo 28,3).

Gesegnet wird sein die Frucht deines Leibes und die Frucht deines Landes, die Frucht deines Viehs, der Wurf deiner Rinder und die Zucht deiner Schafe. — 5. Mose 28,4

Dieser Bibelvers besagt, dass du mit allem, was zu dir gehört, in jeder Hinsicht erfolgreich sein wirst. Du wirst Kinder haben. Dein Grundstück wird gesegnet sein. Dein Ernteertrag und deine Bäume werden gesegnet sein. Deine Tiere werden gesegnet sein. Du kannst diesen Vers über deinen Hund, deine Katze, den Goldfisch und jedes andere Haustier proklamieren. Sie sind gesegnet, weil sie zu dir gehören!

Pekannussbäume

Als Jamie und ich frisch verheiratet waren, hatten wir kein Geld zur Verfügung. Meine Mutter hielt uns über Wasser, ohne es zu wissen. Wir sprachen nicht mit ihr über unsere Situation. Ich ging zu ihr und mähte den Rasen; als Gegenleistung kochte sie für uns eine leckere Mahlzeit. Manchmal waren diese Mahlzeiten das Einzige, was wir seit Tagen zu uns genommen hatten. Ich war einfach so überaus dankbar und schätzte es sehr.

Im Garten meiner Mutter wuchsen 23 Pekannussbäume. Als mein Vater noch lebte, hatte er sie immer beschnitten, gedüngt und gespritzt. Wir ernteten jedes Jahr 130 bis 180 Kilogramm Pekannüsse. Doch nachdem mein Vater gestorben war, kümmerte meine Mutter sich nicht weiter um die Bäume. Deshalb waren sie von Schädlingen befallen und trugen gerade noch etwas mehr als 20 Kilo Nüsse pro Jahr.

Als ich den Rasen im Garten meiner Mutter mähte, stellte ich mich geistlich auf diesen Vers in 5. Mose 28,4 und verband ihn mit 5. Mose 28,8:

> *Der HERR wird dem Segen gebieten, dass er mit dir sei in deinen Scheunen und in allem, was du unternimmst, und er wird dich segnen in dem Land, das dir der HERR, dein Gott, gibt.*

Ich proklamierte: »Gesegnet sei die Frucht meines Bodens. Alles, was ich anpacke, ist gesegnet.« Als ich um diese Bäume herum mähte, legte ich meine Hände an ihren Stamm und segnete sie. Ich verfluchte die Schädlinge und befahl ihnen, zu verschwinden. Obwohl wir die Bäume nicht gespritzt, nicht gedüngt und auch nicht anderweitig behandelt hatten, ernteten wir in diesem Jahr mehr als 270 Kilo Pekannüsse. Du magst sagen: »Nun, das glaube ich nicht.« Dann wird es bei dir auch nicht funktionieren. Ich will dir einfach nur vermitteln, wie man den Segen anwendet.

Gemäß 5. Mose 28,8 ist alles, woran du Hand legst, gesegnet. Wenn du das glauben würdest, könntest du deine Pflanzen segnen und Leben über deine Blumen aussprechen. Vielleicht bist du ja jemand, der anstelle eines grünen Daumens eher einen schwarzen Daumen hat, dem alle Pflanzen eingehen. Du kannst diesen Fluch aufheben. Sag nicht länger: »Ich kann einfach nicht gärtnern!«, sondern fang an, Segen auszusprechen, indem du proklamierst: »Ganz gleich, was ich tue, es wird gesegnet sein!« Du könntest damit beginnen, etwas anzubauen. Manche Leute haben Jahrzehnte damit verbracht, sich selbst zu verfluchen, und dann wundern sie sich auch noch, weshalb die Dinge so sind, wie sie es selbst sagen. Sie sind so, weil sie das Unheil förmlich herbeireden.

Dein Lagerhaus

Gesegnet sei dein Korb und dein Vorratslager.
— 5. Mose 28,5 KJV

Gott kann dein Lagerhaus nicht segnen, wenn du gar keines hast. Wenn du nichts beiseitelegst, kann der Herr es auch nicht segnen.

Diese Wahrheit wurde einem meiner Freunde aus Texas auf sehr persönliche und eindrückliche Weise von Gott offenbart. Sein Name ist Al Jandl und er hat darüber sogar ein Buch geschrieben mit dem Titel *The Storehouse Principle* (Das Lagerhaus-Prinzip). Der Herr teilte Al mit, dass er sein Lagerhaus nicht segnen könne, weil er gar keines hätte. Zu jener Zeit lebte Al von der Hand in den Mund. Was glaubst du, was er tat? Er nahm einen Dollar und eröffnete ein Sparbuch. Jede Woche zahlte er einen weiteren Dollar ein. Die meisten Leute würden sich das ansehen und sagen: »Das bringt doch nicht viel – gerade mal 52 Dollar im Jahr. Wozu soll das gut sein?« Nun, es ist ein Lagerhaus, und Gott kann es segnen. Aber null mal hundert bleibt trotzdem nur null.

Al begann, einen Dollar pro Woche auf sein Sparbuch einzuzahlen. Innerhalb kurzer Zeit begann Gott, ihn übernatürlich zu segnen. Jetzt besitzt er eine Ferienanlage in der Nähe von Houston, Texas, die auf etwa 60 Hektar Land meiner Schätzung nach Platz für 2000 Menschen bietet. Er betreibt auf diesem Grundstück eine Art Freizeitpark mit Übernachtungsmöglichkeit. Er ist Eigentümer einer schuldenfreien Anlage, die einen Wert von 40 oder 50 Millionen Dollar hat, nur weil er begann, einen Dollar pro Woche beiseitezulegen, und es von Gott segnen ließ.

Der Herr wird deine Ersparnisse segnen, dein Lagerhaus (5Mo 28,5). Allerdings kann er nicht segnen, was du nicht hast. Du solltest mit dem Sparen beginnen (5Mo 28,8). Der Herr wird deine Körbe und dein Vorratslager segnen!

Eingang oder Ausgang

Gesegnet wirst du sein bei deinem Eingang und gesegnet bei deinem Ausgang. — 5. Mose 28,6

Wir hatten am Eingang unseres Dienstgebäudes Fußmatten liegen, auf denen stand: »Gesegnet beim Hereinkommen«, und auf der anderen Seite der Tür »Gesegnet beim Hinausgehen«. Was für eine wunderbare Erinnerung. Jedes Mal, wenn wir zu dieser Tür hinein- oder hinausgingen, sahen wir diese Fußmatten. Du musst dich manchmal selbst daran erinnern, dass es keine Rolle spielt, ob du kommst oder gehst – du bist immer gesegnet. Du bist gesegnet, wo auch immer du dich befindest (5Mo 28,3.6)

Jedes Mal, wenn mich jemand fragt, wie es mir geht, antworte ich: »Ich bin gesegnet.« Ich habe das in den letzten 30 Jahren wahrscheinlich zwanzig Mal am Tag gesagt. Rechne mal nach: 20 mal 365 mal 30 ergibt 219.000. Ich glaube, was ich sage. Ich habe dies viele Jahre immer wieder gesagt. Und weißt du was? Ich bin gesegnet!

Vielleicht denkst du: *Andrew, ich bin aber nicht gesegnet.* Nun, das ist das, was du glaubst. Wenn du wiedergeboren bist, dann bist du durch Jesus gesegnet, ob du es weißt und glaubst oder nicht. Gott hat dir die Wahl gelassen:

> *Ich nehme heute Himmel und Erde gegen euch zu Zeugen: Ich habe euch Leben und Tod, Segen und Fluch vorgelegt; so erwähle nun das Leben, damit du lebst. — 5. Mose 30,19*

Gott gibt dir die Antwort: Wähle das Leben. Wähle den Segen. Du hast die Wahl. Und da wir schon wählen dürfen, habe ich für meinen Teil gewählt – und wähle auch weiterhin jeden Tag meines Lebens, gesegnet zu sein.

Sprachaktiviert

»Aber, Andrew, ich habe es mir nicht ausgesucht, verflucht zu sein.« Doch, das hast du. Vielleicht hast du es nicht gerne gemacht, aber du hast dich dafür entschieden zu denken, dass du nur ein Mensch bist. Du hast dich entschieden zu glauben: »Ich kann nicht zwischen Leben und Tod, zwischen Segen und Fluch wählen. Ich kann es nicht ändern.« Du kannst dich entscheiden zu glauben, dass du gesegnet bist. Es liegt an dir. Du kannst bei deinem Eingang und bei deinem Ausgang gesegnet sein (5Mo 28,6).

> *Der Herr wird deine Feinde, die sich gegen dich auflehnen, vor dir geschlagen dahingeben; auf einem Weg werden sie gegen dich ausziehen und auf sieben Wegen vor dir fliehen. — 5. Mose 28,7*

Das ist ein mächtiges Wort, und »deine Feinde« bezieht sich nicht nur auf Menschen. »Deine Feinde« könnten Armut, Krankheit, Sorgen, Stress und alles Mögliche andere sein. Was auch immer gegen dich ist, es wird nicht erfolgreich sein! (Siehe Eph 6,11–13.)

> *Keiner Waffe, die gegen dich geschmiedet wird, soll es gelingen; und alle Zungen, die sich gegen dich vor Gericht erheben, sollst du schuldig sprechen. Das ist das Erbteil der Knechte des HERRN und ihre Gerechtigkeit, die ihnen von mir zuteilwird, spricht der HERR. — Jesaja 54,17*

Dieser Segen gehört dir!

> *Der Herr wird dem Segen gebieten, dass er mit dir sei. — 5. Mose 28,8*

Das gefällt mir. Vers 8 stimmt mit Vers 2 desselben Kapitels überein:

Und alle diese Segnungen werden über dich kommen und dich erreichen. — 5. Mose 28,2

Das bedeutet, dass wir nicht mit heraushängender Zunge von Versammlung zu Versammlung hetzen und dem Segen hinterherjagen müssen, um am Ende festzustellen: »Ich hab mich völlig ausgepowert bei dem Versuch, gesegnet zu werden.« Nein, die Segnungen werden *uns* hinterherjagen! Sie holen uns ein und kommen über uns. Wir können dem Segen Gottes nicht davonlaufen. Der Segen Gottes verfolgt uns, jagt uns und will, dass wir gesegnet sind. Aber wir müssen kooperieren. Wir müssen glauben und anfangen, Segen auszusprechen. Der Segen Gottes ist sprachaktiviert.

»Geh weg von hier«

Der Herr wird dem Segen gebieten, dass er mit dir sei in deinen Scheunen und in allem, was du unternimmst. — 5. Mose 28,8

Aber wie schon gesagt, kann Gott nichts segnen, wenn du nicht irgendetwas in Angriff nimmst. Hundert mal null ist null. Manche Leute leben dauerhaft von Sozialhilfe, ohne je einer Arbeit nachzugehen. Einigen erscheint Nichtstun lukrativer als ein Niedriglohnjob. Der Unterschied ist nur, dass Gott Sozialhilfe nicht segnen kann, weil ein untätiger Mensch nun mal nichts unternimmt. Jemand, der bereit ist, einen Job in einem Fastfood-Restaurant anzunehmen, wird – auch wenn es ihn seine Sozialhilfe kostet – auf Dauer erfolgreicher sein, einfach, weil derjenige etwas unternimmt. Gott kann das daraus resultierende Einkommen vervielfältigen, aber er kann keine Sozialhilfe vermehren. Das ist die

Wahrheit. Du kannst sie abstreiten, aber ich werde sie nicht für dich ablehnen. Ich sage dir auf der Grundlage von Gottes Wort die Wahrheit.

Der HERR wird dem Segen gebieten, dass er mit dir sei in deinen Scheunen und in allem, was du unternimmst, und er wird dich segnen in dem Land, das dir der HERR, dein Gott, gibt. Der Herr wird dich als heiliges Volk für sich bestätigen, wie er dir geschworen hat, wenn du die Gebote des Herrn, deines Gottes, hältst und in seinen Wegen wandelst; Dann werden alle Völker auf Erden sehen, dass der Name des Herrn über dir ausgerufen ist, und werden sich vor dir fürchten. — 5. Mose 28,8–10

Wie viele Menschen sind schon zu dir gekommen und haben gesagt: »Du bist einer von diesen Christen. Ich weiß das, weil du von Gott gesegnet bist«? König Abimelech bat Isaak, das Land zu verlassen, weil dieser mächtiger und wohlhabender war als sein gesamtes Königreich war (1Mo 26,12–17). Der König sagte: »Geh weg von hier. Wir halten das nicht aus.« So sollte es sein. Menschen sollten den Segen und die Kraft Gottes in deinem Leben erkennen.

Gott möchte dich so sehr segnen, dass andere Menschen es dir ansehen. Es könnte eine gewisse Zeit dauern, da wir unser Denken erst einmal erneuern müssen und der Ernte eine Saat vorausgehen muss. Das geschieht nicht automatisch und über Nacht, aber es sollte dein Ziel sein. Du solltest damit anfangen zu sagen: »Ich bin von Gott gesegnet, und jeder wird das sehen können. Der Segen wird sich manifestieren, und die Menschen werden den Segen Gottes in meinem Leben erkennen können.« Jesus gehört alle Ehre!

Beende die Dürre

Und der Herr wird dir Überfluss geben an Gütern, an der Frucht deines Leibes, an der Frucht deines Viehs und an der Frucht deines Ackers, in dem Land, von dem der Herr deinen Vätern geschworen hat, dass er es dir gebe. Der Herr wird dir den Himmel, seinen guten Schatz, auftun, um deinem Land Regen zu geben zu seiner Zeit, und um alle Werke deiner Hände zu segnen. Und du wirst vielen Völkern leihen; du aber wirst dir nichts ausleihen müssen. — 5. Mose 28,11–12

Diese Verse sind voller Kraft! Gott wird es regnen lassen. Es gibt keinen Grund mehr für Dürre. Du kannst Dürrezeiten beenden. Jamie und ich haben dies an verschiedenen Orten, an denen wir als Pastoren gedient haben, getan. Wir haben gebetet und die Dürre beendet.

Als unsere Kinder klein waren, machten wir ein Picknick am John-Martin-Stausee. Normalerweise war der Stausee gut gefüllt, weil er vom Arkansas River gespeist wurde. Man konnte aufgrund der ausgedehnten Wasserfläche kaum die andere Uferseite sehen. Doch zu jener Zeit erlebte Colorado eine extreme Dürreperiode, sodass wir tatsächlich in das Reservoir hinuntersteigen und den Arkansas River zu Fuß durchqueren konnten. Er war nur noch ein kleines Rinnsal.

Ich rief die Gemeinde zusammen und wir begannen zu beten. Wir ergriffen unsere Autorität, stellten uns im Geiste auf diesen Vers und beendeten diese Dürre. Ich erinnere mich, dass ich ausdrücklich sagte: »Der John-Martin-Stausee wird nie wieder austrocknen«, und diesen Ort segnete. Was, denkst du, ist passiert? Es begann zu regnen. Das war im Jahr 1978. Der Stausee füllte sich wieder und ist seither nie wieder ausgetrocknet. Er ist gesegnet!

Du kannst das auch tun. »Ja klar, Andrew. Glaubst du wirklich, dass deine Gebete das bewirkt haben?« Ja, ich bin davon überzeugt! Was macht es für einen Sinn zu beten, wenn ich nicht glaube, dass Gott mich erhören wird? Vielleicht war ich nicht der Einzige, der gebetet hat, aber ich glaube, dass mein Gebet in Verbindung mit meinem Glauben etwas bewirkt hat. Bei dir kann das genauso sein.

Leithund

Und der HERR wird dich zum Haupt setzen und nicht zum Schwanz; und es wird mit dir immer nur aufwärtsgehen und nicht abwärts, wenn du den Geboten des HERRN, deines Gottes, gehorchst, die ich dir heute gebiete, dass du sie bewahrst und tust. — 5. Mose 28,13

Du sollst der Kopf und nicht der Schwanz sein. Nehmen wir zum Beispiel Schlittenhunde: Wenn nicht einer der Hunde als Leithund das Gespann führt, bewegt sich gar nichts. Denk mal darüber nach. Du musst immer mit gutem Beispiel vorangehen. Nur das bringt Bewegung rein und schafft eine veränderte Sicht. Du musst der Kopf und nicht der Schwanz sein.

Du solltest oben sein und nicht unten. Wenn ich jemanden frage, wie es ihm geht, und er mir antwortet: »Unter den Umständen gar nicht so schlecht«, dann denke ich verwundert: *Was machst du denn UNTER den Umständen?* Du musst über den Umständen sein und nicht darunter. Du hast **unter** den Umständen nichts verloren!

Bist du der Kopf und nicht der Schwanz? Bist du oben und nicht unten? Der Herr sagt, dass du oben bist, und das ist eine Segnung.

Warum nimmst du sie nicht an? Du hast die Wahl zwischen Leben und Tod, Segen und Fluch (5Mo 30,19). Du kannst dich entscheiden, der Kopf zu sein und nicht der Schwanz. Du kannst dich entscheiden, oben zu sein und nicht unten. Du darfst nicht zulassen, dass dein Leben dich kleinkriegt und unten hält, so wie es bei anderen Menschen ist. Du bist der Gesegnete des Herrn.

»Warum hast du das zugelassen?«

Immerzu kommen Menschen zu mir mit ihren traurigen Geschichten. Den Tränen nahe berichten sie mir über ihre bedauernswerte Situation und erhoffen sich von mir Verständnis, Mitgefühl und Hilfe. Stattdessen verspüre ich eher den Drang, ihnen eine Ohrfeige zu verpassen. Ich schaue sie an und sage so etwas wie: »Warum hast du das denn zugelassen? Warum hast du die Dinge aus dem Ruder laufen lassen?« Sie antworten: »Oh, darüber habe ich keine Kontrolle!«

Wenn auch du so denkst, dann glaubst du nicht, dass du gesegnet bist. Und deshalb lässt du dich von all diesen Dingen unterkriegen. Du meinst, unter dem Fluch leben und dich mit weniger begnügen zu müssen, weil du letztendlich ja doch nur Mensch seist. Ich bin nicht nur menschlich. Ein Drittel von mir ist Heiliger Geist pur. Ich bin der Kopf und nicht der Schwanz. Ich bin oben und nicht unten. Ich bin gesegnet!

Ich ermutige dich, 5. Mose 28 zu lesen und sämtliche Segnungen zutage zu fördern. Und vergiss dabei nicht, dass du nichts von dem, was du als Fluch erkennen kannst, annehmen musst. Die Flüche sind durch Jesus Christus in Segnungen umgewandelt worden. Du kannst das glauben und es empfangen. Du bist gesegnet!

KAPITEL 19

Wohlgefallen

Wohl dem, der nicht wandelt nach dem Rat der Gottlosen, noch tritt auf den Weg der Sünder, noch sitzt, wo die Spötter sitzen. — Psalm 1,1

Die meisten von uns haben die Lügen dieser Welt sehr viel gründlicher in sich aufgenommen, als ihnen bewusst ist. Wir lassen zu, dass die Welt uns Dinge erzählt wie: »Du kannst das nicht und das andere auch nicht«, »Zu dieser Jahreszeit werden nun mal alle krank«, »Du musst das hinnehmen, wie es ist« oder »Ab einem gewissen Alter ist es normal, dass man so was hat«. Das bedeutet es, in dem Rat der Gottlosen zu wandeln und negative Dinge zu erwarten, wie es Ungläubige eben tun.

Wir müssen uns an Menschen aus der Bibel orientieren, zum Beispiel an Mose. Er wurde 120 Jahre alt und weder war seine natürliche Kraft geschwunden noch hatte seine Sehkraft nachgelassen (2Mo 34,7). Wenn es Mose schon möglich war und wir einen besseren Bund haben, sollte das doch das Mindeste sein, was wir erwarten können (Hebr 8,6). Viele Menschen erwarten, nicht älter als 60 oder 70 zu werden. Man sagt ihnen, sie stünden schon mit einem Fuß im Grab und sollten allmählich kürzer treten. Nein, wir sollten aktiv bleiben und weiterhin Dinge anpacken. Wir sind diejenigen, die sich selbst verfluchen und den Segen aufhalten. Gott wird ihn niemals blockieren, und Satan kann es nicht. Wie sind diejenigen, die bestimmen, ob der Segen in unserem Leben wirksam wird oder nicht.

Im Großen und Ganzen bringen unsere heutigen Universitäten Gottlosigkeit hervor. Einmal hörte ich David Barton Bezug auf eine Statistik nehmen, die besagt, dass rund 90 Prozent der christlichen Studenten an säkularen Hochschulen sich bereits nach ihrem ersten Jahr dort von ihrem Glauben abwenden. Das ist so, weil weltliche Hochschulen darauf angelegt sind, den Glauben an Gott zu zerstören. Selbst solche Institutionen wie Harvard, Yale und Princeton, an denen einst eher die theologische Fakultät dominant war, sind heute gottfeindlich eingestellt.

Der Lehrplan des ersten Bibelschuljahres unseres Charis Bible College ist darauf ausgelegt, Gläubige auf den fundamentalen Wahrheiten zu gründen. Das ist ideal für Studenten, deren Berufung von Gott sie an eine weltliche Hochschule führt. Bevor sie also zum Juristen, Arzt oder etwas anderem ausgebildet werden, wozu sie auch berufen sind, werden sie mental und geistlich auf das vorbereitet, was sie an der Hochschule erwartet. Sie können bei uns ein Jahr absolvieren und ihren Glauben aufbauen lassen, sodass sie nicht ohne sicheres Fundament unter die Wölfe geraten. Es ist schlimm da draußen!

Unaufhörlich

Unsere Gesellschaft war einst eine christliche Gesellschaft, die auf biblischen Prinzipien aufgebaut war. Heute ist das allerdings nicht mehr so. Die Menschen stellen sich systematisch gegen alles, wofür Gott steht. Es ist gottlos.

Leider wandeln auch Christen in dem Rat der Gottlosen (Ps 1,1). Sie befürworten die gleichgeschlechtliche Ehe, das Recht auf

Abtreibung und lassen sich auf alle möglichen anderen gottlosen Dinge ein. Aber wer so etwas tut, blockiert den Segen, weil er im Rat der Gottlosen wandelt. Er tritt auf den Weg der Sünder und sitzt, wo die Spötter sitzen.

Wenn wir an Christus glauben, dann sollte das Folgende auf uns zutreffen:

> *... sondern seine Lust hat am Gesetz des HERRN [dem Wort Gottes] und über sein Gesetz nachsinnt Tag und Nacht.*
> *— Psalm 1,2*

Also öfter als bloß hin und wieder. Es bedeutet auch, über Gottes Wort nicht nur einmal pro Woche nachzusinnen bzw. zu meditieren, wenn du zum Gottesdienst in die Kirche gehst, oder gerade mal zehn Minuten am Tag, wenn du kurz stille Zeit machst. Sicherlich ist es ein guter Anfang, Gottes Wort in einem Gottesdienst zu hören und sich Zeit für eine tägliche Andacht zu nehmen, aber in diesem Vers geht es darum, Tag und Nacht über Gottes Wort zu meditieren. Damit ist gemeint, dass du Gottes Wort unaufhörlich im Ohr, vor Augen, im Herzen und im Mund haben sollst.

> *Lass dieses Buch des Gesetzes nicht von deinem Mund weichen, sondern forsche darin Tag und Nacht, damit du darauf achtest, alles zu befolgen, was darin geschrieben steht; denn dann wirst du Gelingen haben auf deinen Wegen, und dann wirst du weise handeln! — Josua 1,8*

Mit anderen Worten: Wenn du Freude an Gottes Wort hast und es rund um die Uhr nicht aus deinen Gedanken weichen lässt, wirst du in allem gesegnet sein. Du wirst sehen, wie sich der Segen Gottes in deinem Leben manifestiert.

Auf und ab

Überall auf der Welt gibt es zahlreiche Menschen, die nur der Bezeichnung nach Christen sind. Die Bibel sagt, dass wahre Gläubige – die Gerechten – durch Glauben leben (Hab 2,4; Röm 1,17; Gal 3,11; Hebr 10,38). Die meisten Christen haben kurze Gastaufenthalte im Glauben, aber sie sind dort nicht fest angesiedelt. Er ist nicht die Heimatadresse, unter der sie zu finden sind. Sie machen hin und wieder einen Ausflug dorthin und bleiben vielleicht übers Wochenende. Sie gehen sonntags in die Kirche und vielleicht noch mittwochs in die Bibelstunde, aber sie leben nicht im Glauben. Du musst im Glauben dauerhaft leben!

Um wirklich im Glauben zu leben, musst du unaufhörlich im Wort meditieren. Es ist ein Prozess, der Tag und Nacht stattfindet, aber wenn du dabeibleibst, wirst du auf deinen Wegen Gelingen haben und guten Erfolg (Jos 1,8). Das ist ein weiterer Segen!

> *Der ist wie ein Baum, gepflanzt an Wasserbächen, der seine Frucht bringt zu seiner Zeit, und seine Blätter verwelken nicht, und alles, was er tut, gerät wohl. — Psalm 1,3*

Wenn du Tag und Nacht über Gottes Wort nachsinnst, wird alles, was du tust, wohlgeraten. Welchen Teil von »ALLES, was du tust« verstehst du nicht? *Alles, was du tust,* wird gedeihen. Vielleicht sagst du: »Das werde ich in Anspruch nehmen!« Wirst du dann auch aufhören, im Rat der Gottlosen zu wandeln, auf den Weg der Sünder zu treten, und zu sitzen, wo die Spötter sitzen? Wirst du Tag und Nacht über Gottes Wort meditieren? Dieser Segen ist nämlich an diese Dinge gebunden.

Auch wenn es nicht auf deine Heiligkeit ankommt, erfordert es völlige Hingabe, wenn du erleben willst, dass sich der Segen Gottes in deinem Leben manifestiert. Solange du dich mit weniger als Gottes Bestem zufriedengibst, wirst du auch nicht mehr bekommen. Du musst dem Besten Gottes schon unbeirrbar nachjagen. Der vorstehende Vers malt das Bild eines Baumes, der nahe am Wasser gepflanzt ist. Selbst während einer Trockenperiode wird er gedeihen, weil seine Wurzeln vom Fluss gespeist werden. Es wird für dich keine Rezession geben. Es wird kein Auf und Ab geben. Gott wird zu dir sprechen!

Wie eine Flipperkugel

Der Heilige Geist wird dir zukünftige Dinge zeigen. Und auch dies ist ein weiterer Segen!

> *Wenn aber jener kommt, der Geist der Wahrheit, so wird er euch in die ganze Wahrheit leiten; denn er wird nicht aus sich selbst reden, sondern was er hören wird, das wird er reden, und was zukünftig ist, wird er euch verkündigen.*
> *— Johannes 16,13*

Du musst nicht wie eine Flipperkugel sein, die immerzu irgendwo abprallt, die Richtung wechselt und sich ständig im Kreis dreht. Du kannst von Gott hören (Joh 10,3–5). Gott sprach im Januar 2008 zu Jamie und führte uns dazu, die Aktien abzustoßen, die wir von dem kleinen Geldbetrag gekauft hatten, den Jamies Vater ihr hinterlassen hatte. Wir taten es, und nur wenig später brachen die Aktienmärkte ein. Der Börsensturz hatte keine Auswirkung auf uns, weil wir wie Bäume sind, die an Wasserbäche gepflanzt wurden, und wir die Stimme Gottes hören (Ps 1,3; Joh 10,27).

Nach dem Börsensturz, als die Aktienwerte um die Hälfte gefallen waren, investierten wir das Geld erneut in Aktien. In dieser Zeit machten wir einen Gewinn von 61 Prozent. Und wenn du jetzt nach dem Namen unseres Börsenhändlers fragst, dann hast du irgendetwas falsch verstanden. Es ist der Heilige Geist! Wir haben zwar einen Börsenhändler, und der sagte uns sogar, dass jeder seiner Kunden in dieser Zeit Gewinn gemacht habe, aber er berichtete uns auch, dass wir mehr Gewinn gemacht hätten als alle anderen! Er bemerkte: »Ich weiß nicht, warum das bei euch so gut funktioniert hat.« Ich weiß es. Und zwar, weil ich gesegnet bin. Alles, was wir in die Hand nehmen, ist gesegnet (5Mo 28,8). Gelobt sei Gott.

Ausgelöscht

Jeremia 17 stimmt mit Psalm 1 überein und bestätigt den Abschnitt:

> *Gesegnet ist der Mann, der auf den HERRN vertraut und dessen Zuversicht der HERR geworden ist! Denn er wird sein wie ein Baum, der am Wasser gepflanzt ist und seine Wurzeln am Bach ausstreckt, der die Hitze nicht fürchtet, wenn sie kommt, sondern seine Blätter bleiben grün; auch in einem dürren Jahr braucht er sich nicht zu sorgen, und er hört nicht auf, Frucht zu bringen. — Jeremia 17,7–8*

Die Bibel ist voll von Segnungen – der über dich ausgesprochenen Gunst Gottes. Du musst nichts weiter tun, als den Segen durch Glauben zu aktivieren.

Wohl dem, dessen Übertretung vergeben, dessen Sünde zugedeckt ist! Wohl dem Menschen, dem der HERR keine Schuld anrechnet, und in dessen Geist keine Falschheit ist!
— Psalm 32,1–2

Wir sagen, uns sei vergeben, aber viele von uns wissen gar nicht, was das bedeutet. Dass unsere Sünden gesühnt und ausgelöscht sind, ist ein gewaltiger Segen! Viele Christen haben keine Ahnung vom Ausmaß dieser Segnung, weil Religion diese Wahrheit verschleiert, indem sie sagt: «Ja, bei deiner Wiedergeburt wurden dir deine Sünden *bis zu diesem Zeitpunkt vergeben*. Aber danach musst du jetzt jedes Mal, wenn du sündigst, diese Sünde bekennen und unter das Blut bringen.« Damit wird die Vergebung davon abhängig gemacht, dass man wirklich jede einzelne Sünde bekannt hat.

Alles aber, was nicht aus Glauben geschieht, ist Sünde.
— Römer 14,23

»Ich bin nicht würdig«

Sünde besteht nicht nur in den Dingen, die wir falsch machen. Es steckt mehr dahinter als das.

Wer nun Gutes zu tun weiß und es nicht tut, für den ist es Sünde. — Jakobus 4,17

Sünde ist es auch, wenn wir die guten Dinge, die wir tun sollten, unterlassen. Wenn wir diese Definition von Sünde anwenden, und es ist ja die Definition der Bibel, dann ist es Sünde, seinen Partner nicht von ganzem Herzen zu lieben. Es ist Sünde, zu wenig Zeit im Wort zu verbringen. Wenn wir anderen gegenüber nicht großzügig sind und nicht an andere denken, wenn wir bloß mit uns selbst beschäftigt sind und andere vergessen, dann ist das ebenso Sünde. Wenn wir die biblische Definition von Sünde anwenden, zeigt sich, dass wir ständig sündigen. Und das ist auch der Grund, warum uns unser Gewissen verdammt und zu uns sagt: »Du bist nicht würdig. Du bist von Gott getrennt.« Aber die Bibel lehrt uns etwas völlig anderes.

Wenn du eine ausführliche Abhandlung dieser zentralen Wahrheit suchst, findest du sie in meinen Büchern *Gnade, die Kraft des Evangeliums* und *Geist, Seele und Körper*. Hier kann ich diese Thematik nur sehr oberflächlich abhandeln.

KAPITEL 20

Er ist nicht wütend auf dich

Dir wurden *alle* Sünden vergeben – vergangene, gegenwärtige und zukünftige. Gott hat dir sämtliche Sünden vergeben, selbst die, die du noch gar nicht begangen hast. Du könntest jetzt versucht sein zu denken: *Das ist aber Irrlehre, Andrew.* Doch damit lägest du falsch, wie ich dir anhand der folgenden Bibelstellen belegen kann:

> *… auch nicht mit dem Blut von Böcken und Kälbern, sondern mit seinem eigenen Blut ein für alle Mal in das Heiligtum eingegangen und hat eine ewige Erlösung erlangt. Darum ist er auch der Mittler eines neuen Bundes, damit – da sein Tod geschehen ist zur Erlösung von den unter dem ersten Bund begangenen Übertretungen – die Berufenen das verheißene ewige Erbe empfangen. — Hebräer 9,12.15*

> *Denn weil das Gesetz nur einen Schatten der zukünftigen Heilsgüter hat, nicht die Gestalt der Dinge selbst, so kann es auch mit den gleichen alljährlichen Opfern, die man immer wieder darbringt, die Hinzutretenden niemals zur Vollendung bringen. Hätte man sonst nicht aufgehört, Opfer darzubringen, wenn die, welche den Gottesdienst verrichten, einmal gereinigt, kein Bewusstsein von Sünden mehr gehabt hätten? — Hebräer 10,1–2*

Aufgrund dieses Willens sind wir geheiligt durch die Opferung des Leibes Jesu Christi, und zwar ein für alle Mal. Denn mit einem einzigen Opfer hat er die für immer vollendet, welche geheiligt werden. — Hebräer 10,10.14

… sondern ihr seid gekommen zu dem Berg Zion und zu der Stadt des lebendigen Gottes, dem himmlischen Jerusalem, und zu Zehntausenden von Engeln, zu der Festversammlung und zu der Gemeinde der Erstgeborenen, die im Himmel angeschrieben sind, und zu Gott, dem Richter über alle, und zu den Geistern der vollendeten Gerechten. — Hebräer 12,22–23

Ein Einfallstor für Satan

Diese Stellen bestätigen, dass dir die vergangenen, gegenwärtigen und zukünftigen Sünden vergeben sind. *Aber Andrew, wie kann Gott eine Sünde vergeben, bevor ich sie überhaupt begangen habe?* Nun, bete lieber mal, dass der Herr die Sünde vergeben kann, bevor du sie begehst, denn er ist nur ein einziges Mal für deine Sünden gestorben – und das vor 2000 Jahren, also lange bevor du überhaupt je eine begangen hattest. Dir sind alle Sünden vergeben. Wenn du wiedergeboren bist, ist Sünde kein Thema mehr zwischen dir und Gott.

Vielleicht stellt sich dir jetzt die Frage: *Bedeutet das, das ich jetzt einfach drauflos sündigen kann?* Nein, denn Sünde ist immer noch ein Einfallstor für Satan in dein Leben.

Wisst ihr nicht: Wem ihr euch als Sklaven hingebt, um ihm zu gehorchen, dessen Sklaven seid ihr und müsst ihm gehorchen, es sei der Sünde zum Tode, oder dem Gehorsam zur Gerechtigkeit? — Römer 6,16

Gott hat dir *alle* deine Sünden vergeben – die vergangenen, die gegenwärtigen und die zukünftigen –, aber wenn du nun hingehst und in Sünde lebst, dann ist das eine Einladung an Satan. Du öffnest ihm damit sperrangelweit die Tür zu deinem Leben und sagst: »Gib es mir richtig! Zerstöre mich. Mach dich über mich her.«

Der Dieb kommt nur, um zu stehlen, zu töten und zu verderben. — Johannes 10,10

Wenn du in Sünde lebst, wird Satan dir sozusagen das Pausenbrot klauen, dir ein Bein stellen und dich dann auslachen, wenn du auf der Nase liegst. Glaub mir, du willst nicht wirklich in Sünde leben.

Dumm

Sünde ist dumm. Wenn du in Sünde lebst, bist du dumm. Aber Gott liebt dich, Dummkopf. Er hält dir deine Sünde nicht vor, du aber lädst den Teufel ein. Wenn du in Sünde lebst, wirst du nicht gedeihen. Du blockierst den Segen, weil du nicht mit Gott kooperierst.

Wohl dem, dessen Übertretung vergeben, dessen Sünde zugedeckt ist! Wohl dem Menschen, dem der HERR keine Schuld anrechnet. — Psalm 32,1–2

Paulus zitierte diese Verse, als er im Römerbrief von der Gnade Gottes sprach:

> *Ebenso preist auch David den Menschen glückselig, dem Gott ohne Werke Gerechtigkeit anrechnet: »Glückselig sind die, deren Gesetzlosigkeiten vergeben und deren Sünden zugedeckt sind; glückselig ist der Mann, dem der Herr die Sünde nicht anrechnet!« — Römer 4,6–8*

Dort steht nicht: »dem der Herr die Sünde nicht angerechnet hat«. Diese Aussage galt nicht nur bis zu einem bestimmten Moment und danach nicht mehr. Nein, alle deine Sünden – vergangene, gegenwärtige und zukünftige – wurden am Kreuz auf Jesus gelegt. Damit wurden deine Sünden erledigt und vergeben, und seit deiner Wiedergeburt profitierst du auch davon. Gott rechnet dir deine Sünde nicht mehr zu und er wird es auch künftig nicht tun!

Dem stehen allerdings mehr als 90 Prozent aller theologischen Lehrmeinungen entgegen. Fast alle diese Lehren halten den Leuten ihre Sünden vor und sagen: »Gott wird dich nicht segnen. Gott wird nichts tun. Gott wird deine Gebete nicht erhören, wenn du sündigst.« Nun, es stimmt, dass du kein Wohlergehen haben wirst, wenn du in Sünde lebst, aber das hat nichts damit zu tun, dass Gott dich nicht segnet. Es hat vielmehr damit zu tun, dass du den Teufel in dein Leben lässt und ihn dazu einlädst, zu zerstören, zu töten und zu stehlen (Joh 10,10).

Dein eigenes Gewissen

Vielleicht sagst du: »Komm schon, Andrew. Wo liegt denn da der Unterschied? Mir wird es so oder so nicht wohlergehen!« Der

Unterschied liegt darin: Wenn du denkst, Gott sei verärgert über dich und rechne dir deine Sünden zu, wirst du niemals Mut, Zuversicht oder Glauben haben. Wenn du jedoch diese Wahrheit verstehst, dann kannst du sagen: »Danke, Herr, dass du dich niemals von mir abgewandt hast. Du hast den Segen niemals von mir genommen. Ich selbst habe ihn durch meine Dummheit blockiert. Ich habe Satan diese Möglichkeit in meinem Leben eröffnet. Ich habe ihn willkommen geheißen. Wie dumm konnte ich nur sein! Danke, Herr, dass du mich immer noch liebst.« Dann kannst du dich an den Teufel wenden und zu ihm sagen: »Es spielt keine Rolle, was ich getan habe. Jesus ist trotzdem mein Herr, und ich erlaube dir nicht mehr, mich zu beherrschen« (Jak 4,7). Das ist ein Riesenunterschied!

Es ist enorm wichtig für dich, zu verstehen, dass deine Übertretungen vergeben sind und all deine Schuld weggenommen wurde (Ps 103,11–12). Gott wird dir Sünde nicht zurechnen (Hebr 8,12; 10,17).

Ich bin so froh darüber, dass Gottes Bund mit Noah ein bedingungsloser Bund war. Gott sagte zu ihm: »Ich werde die Erde niemals mehr mit einer Flut zerstören.« Und er fügte nicht etwa hinzu: »… solange ihr mich nicht wieder aufregt« oder »… solange ihr keine Fehler mehr begeht.« Es gab keine Bedingungen. Er sagte einfach: »Ich schwöre bei mir selbst, dass ich die Erde niemals mehr durch eine Flut zerstören werde.« Wenn der Bund an Bedingungen geknüpft gewesen wäre, dann hätte Gott die Erde schon längst erneut durch eine Flut zerstört. Wir hätten es verdient. Aber es war ein bedingungsloser Bund.

Und das soll mir sein wie die Wasser Noahs: Denn wie ich geschworen habe, dass die Wasser Noahs nie mehr die Erde überfluten sollen, so habe ich geschworen, dass ich nie mehr über dich zornig werden noch dich schelten werde. — Jesaja 54,9

Seitdem du wiedergeboren wurdest, war Gott niemals mehr zornig auf dich. Er hat dir niemals Vorhaltungen gemacht, egal, was du denkst. Dein eigenes Gewissen quält dich, und Satan, der Verkläger der Brüder, verdammt dich (Offb 12,10), aber Gott tut es nicht.

Keine Verdammnis

So gibt es jetzt keine Verdammnis mehr für die, welche in Christus Jesus sind … Wer will verurteilen? — Römer 8,1.34

Gott verurteilt dich nicht (Röm 8,31–35). Dein eigenes Herz verurteilt dich, und du hast Gott die Schuld dafür gegeben. Gott ist nicht zornig auf dich. Er hat tatsächlich nicht mal schlechte Laune. Gott liebt dich!

Wenn du mehr Unterstützung dabei brauchst, Verdammnisgefühle zu überwinden, empfehle ich dir mein Buch mit dem Titel *Der Krieg ist zu Ende*. Es wird dir helfen, in deiner Beziehung zu Gott mehr Zuversicht zu gewinnen.

KAPITEL 21

Jede böse Tat

Schmeckt und seht, wie freundlich der HERR ist;
wohl dem, der auf ihn traut! — Psalm 34,9

Wusstest du, dass Gottes Segen auf dich kommt, wenn du ihm vertraust? Es ist besser, auf ihn zu vertrauen, anstatt dich auf dich selbst zu verlassen, denn wenn du auf Gott vertraust, bist du gesegnet.

Einem festen Herzen bewahrst du den Frieden,
den Frieden, weil es auf dich vertraut. — Jesaja 26,3

Frieden ist eine der Segnungen, die aus dem Vertrauen auf Gott erwächst, doch die meisten Christen tun sich schwer damit, Frieden zu empfinden. Die Leute sind gestresst und voller Sorge. Weißt du, warum? Sie vertrauen dem Herrn nicht. Sie befürchten, er werde sie im Stich lassen. Sie haben das Gefühl, versagt zu haben und zu verdienen, was ihnen widerfährt – sie denken, Gott laste ihnen ihre Sünde an. Diese Gedanken und Gefühle summieren sich und verstärken sich gegenseitig.

Du musst verstehen, dass alle deine Sünden vergeben sind. Gott hält dir nichts mehr vor, also wird er dir ganz sicher auch alles andere geben, was du brauchst. Wenn Gott dir deine Sünden vergeben hat – was das größte Wunder ist, das jemals geschehen kann –, wie kannst du dann glauben, dass er dich nicht heilen werde?

Wenn er dich genug liebte, um deine Sünden zu vergeben, dann liebt er dich auch genug, um deinen Körper zu heilen. Wenn du ihm nur genügend vertrauen würdest, um zu verstehen, dass deine Sünden vergeben sind, dann würde dein Körper geheilt werden. Es wäre dir möglich, dich von der Krankheit oder dem Gebrechen, das dich plagt, zu erholen. Er würde dich in vollkommenem Frieden erhalten (Jes 26,3).

Der Frieden deiner Kinder

Die Kinder der Gerechten werden niemals Hunger leiden. Groß wird ihr Frieden sein. Sie werden mächtig und gesegnet sein.

> *Ich bin jung gewesen und alt geworden, doch habe ich nie den Gerechten verlassen gesehen, oder seinen Samen um Brot betteln. Er ist allezeit barmherzig und leiht gern, und sein Same wird zum Segen. — Psalm 37,25–26*

> *Und alle deine Kinder werden vom HERRN gelehrt, und der Friede deiner Kinder wird groß sein. Durch Gerechtigkeit wirst du fest gegründet werden. Du wirst fern sein von Bedrückung, denn du brauchst dich nicht zu fürchten, und von Schrecken, denn er wird nicht zu dir nahen. — Jesaja 54,13–14*

> *Preist den HERRN! Wohl dem, der den HERRN fürchtet, der große Freude hat an seinen Geboten! Sein Same wird gewaltig sein auf Erden; das Geschlecht der Aufrichtigen wird gesegnet sein. — Psalm 112,1–2*

Er segne, die den HERRN fürchten, die Kleinen samt den Großen! Der HERR mehre euch, euch und eure Kinder! Gesegnet seid ihr von dem HERRN, der Himmel und Erde gemacht hat. — Psalm 115,13–15

Gott wird dich, wie dann auch deine Kinder mehren. In all diesen Versen geht es darum, dass deine Kinder gesegnet sind. Das setzt natürlich nicht außer Kraft, dass sie ihre eigene Entscheidung treffen müssen, ob sie Gott vertrauen oder nicht. Es bedeutet auch nicht, dass sie nun automatisch gezwungen sein werden, das Richtige tun, aber deine Kinder werden gesegnet sein.

Einheit

Als unsere Kinder ins Teenageralter kamen, schien es, als hätten Aliens sie entführt und ihnen das Gehirn ausgesaugt. Kinder großzuziehen ist schwieriger, als Tote aufzuerwecken. Ich weiß das, denn ich musste in unserer Familie schon beides bewerkstelligen. Meinen Sohn von den Toten aufzuerwecken war ein Kinderspiel im Vergleich dazu, ihn zu einem Erwachsenen zu erziehen. Während er tot war, hat er sich nicht widersetzt, nicht gegen uns aufbegehrt und sich auch sonst ganz mustergültig benommen.

Unsere Kinder haben einige ziemlich verrückte Dinge getan. Weil aber Jamie und ich Gott lieben, ihn suchen und für unsere Kinder beten, waren sie dennoch gesegnet. In Anbetracht der Entscheidungen, die sie trafen, hätten die Dinge sehr viel schlimmer ausgehen können. Unsere Kinder sind immer und immer wieder Problemen entkommen, weil unser Same gesegnet ist. Das ist eine der Segnungen, die auf uns kommen!

Wohl dem, der sein Vertrauen auf den HERRN setzt und sich nicht zu den Aufgeblasenen wendet und zu den abtrünnigen Lügnern. — Psalm 40,5

Du bist gesegnet, wenn du dein Vertrauen auf den Herren setzt.

Siehe, wie gut und wie lieblich ist es, wenn Brüder einträchtig beieinander wohnen. Wie das köstliche Öl auf dem Haupt, das herabfließt auf den Bart, auf den Bart Aarons, der herabfließt auf den Halssaum seiner Kleider. Wie der Tau des Hermon, der herabfließt auf die Berge Zions. Denn dorthin hat der HERR den Segen befohlen, Leben bis in Ewigkeit. — Psalm 133,1–3 ELB

Aaron war der Hohepriester und wurde mit Öl gesalbt, was den Heiligen Geist symbolisiert. Die Kraft und die Salbung des Heiligen Geistes wurden ihm aufs Haupt gegossen, rannen an seinem Bart hinunter und durchtränkten sein Gewand. Es ist das heilige Salböl, die Kraft des Heiligen Geistes.

Wodurch wurde diese Segnung veranlasst? Auf wen hat Gott diese Segnung befohlen? Auf die, die einträchtig beieinander wohnen. Dieser Vers besagt, dass es einen Segen gibt, der kommt, wenn Menschen in Einheit leben, und dieser Segen manifestiert sich auf keine andere Weise.

Streit ist ein Einfallstor für Satan.

Wo nämlich Eifersucht und Streit herrschen, da gibt es Unordnung und böse Taten jeder Art. — Jakobus 3,16 EÜ

Hast du das verstanden? Böse Taten jeder Art! Manche denken: *Also, ich werde dem Teufel keinen Raum geben*, und dennoch sind sie zornig, streitsüchtig und verbittert.

Denn Ungehorsam ist wie die Sünde der Wahrsagerei, und Widerspenstigkeit ist wie Abgötterei und Götzendienst. — 1. Samuel 15,23

Sicherlich hütest du dich davor, spiritistische Hilfsmittel wie etwa ein Ouija-Brett in deinem Haus zu dulden, und du würdest bestimmt auch an keiner Séance teilnehmen. Wenn du aber eigensinnig und stur bist, läuft das auf dasselbe hinaus wie Hexerei und Götzendienst. Vielleicht hältst du aufgrund deiner Erziehung ein Leben voller Zank und Unfrieden für ganz normal. Aber das ist es nicht. Denn wo Neid und Selbstsucht bzw. Streit herrschen, ist auch Unordnung und jede böse Tat nicht weit (Jak 3,16).

Erinnerst du dich an die Gemeinde, von der ich erzählt habe? Ihr Pastor bekam eine Offenbarung von Johannes 14,12 und die Gemeinde erlebte die Auferweckung eines Toten. Diese Gemeinde hatte kurz davor noch stark gegen Entmutigung gekämpft. Eine bestimmte Familie hatte versucht zu glauben, dass ihr Sohn geheilt werden würde. Er lag im Koma, und die ganze Gemeinde beteiligte sich daran, für ihn zu fasten und zu beten. Trotz ihres Einsatzes starb dieser Junge und die Beerdigung fand in der Woche vor meinem Besuch statt. Sie hatten wirklich sehr mit dieser Situation zu kämpfen.

Als ich ankam, erzählte der Pastor mir, was passiert war, und ich besuchte daraufhin die Eltern des verstorbenen Jungen. Sie sagten mir: »Wir können einfach nicht verstehen, warum das passiert ist. Wir haben Gott geglaubt. Wir haben ihm vertraut und alles getan, was wir zu tun wussten, und trotzdem ist unser Sohn gestorben.«

Russisch Roulette

Ich wusste den Eltern nichts anderes zu sagen als: »Schaut, es war nicht Gott, der versagt hat. Er hat das nicht getan. Ich weiß nicht, wo das Problem liegt, aber es war nicht Gott. Er hat euch nicht im Stich gelassen.« Ich kannte dieses Paar nicht sehr gut, also habe mich jeden Tag mit ihnen zum Essen getroffen. Gegen Ende dieser Zeit fand ich heraus, dass es in dieser Familie viel Streit gegeben hatte. Die Eltern sprachen davon, sich scheiden zu lassen. An dem Tag, an dem der Junge den Unfall hatte, waren der Junge und seine Mutter zuvor heftig aneinandergeraten.

Sie hatte zu ihm gesagt: »Ich hasse dich! Verschwinde aus diesem Haus und komm nie wieder zurück!« Der junge Mann verließ sein Zuhause, ging noch zum Schulunterricht, entfernte sich dann aber während der Mittagspause unerlaubt und machte sich auf zum Haus eines Freundes. Dort spielten die beiden mit einer Pistole Russisch Roulette. Der junge Mann hielt sich die Waffe an den Kopf und drückte ab. Das war der Grund, warum er im Koma lag. Er hatte sich selbst in den Kopf geschossen. Es war kein Selbstmord, aber eine große Dummheit. Seine Eltern konnten einfach nicht verstehen, wie das geschehen konnte. Es geschah wegen all des Streits in seinem Elternhaus. Es gibt einen Grund, warum solche Dinge geschehen. Nicht immer ist uns der Grund bekannt, aber es ist niemals Gottes Schuld.

Doch dort, wo Einheit herrscht, befiehlt Gott seinen Segen hin (Ps 133).

Und als der Tag der Pfingsten sich erfüllte, waren sie alle einmütig beisammen. Und es entstand plötzlich vom Himmel her ein Brausen wie von einem daherfahrenden gewaltigen Wind und erfüllte das ganze Haus, in dem sie saßen.
— Apostelgeschichte 2,1–2

Als die Gläubigen alle in Einheit versammelt waren, fiel die Kraft des Heiligen Geistes auf sie. Leider ist der Leib Christi heute stark zersplittert. Wir sondern uns voneinander ab und ärgern uns übereinander. Es gibt Baptisten und Methodisten, Katholiken und Pfingstler, Lutheraner, Episkopale, Presbyterianer und Charismatiker – und keiner pflegt mit jemandem außerhalb seiner Denomination Gemeinschaft. Häufig gibt es sogar innerhalb einer Ortsgemeinde Uneinigkeit. Überall ist so viel Zwietracht, und wir wundern uns darüber, dass wir zu kämpfen haben.

Der einzige Grund

Wo nämlich Eifersucht und Streit herrschen, da gibt es Unordnung und böse Taten jeder Art. — Jakobus 3,16 EÜ

In dem Vers steht: »böse Taten jeder Art«. Nicht nur einige, sondern jedwede Art. Wenn du zornig bist, gibst du Satan damit freie Hand. Vielleicht sagst du: »Aber Andrew, ich muss mir das einfach von der Seele reden.« Nein, du musst einfach Buße tun und es überwinden.

Nur durch Stolz kommt Streit. — Sprüche 13,10 KJV

Stolz ist die einzige Ursache für Streit. Es liegt nicht an deinem Persönlichkeitstyp. Es liegt auch nicht an dem, was andere dir antun. Es liegt an dem, was in dir ist – an deinem Stolz und deiner Selbstsucht –, das ist es, was dich zornig macht. Obwohl Gott seinen Segen auf Einheit befiehlt, ist sie für die meisten Leute noch nicht einmal ein erstrebenswertes Ziel.

Wenn du mit solchen Gefühlen zu kämpfen hast, empfehle ich dir meine Bücher mit den Titeln *Ichbezogenheit, die Wurzel allen Kummers* und *Gefühle im Zaum halten.* Sie werden dir helfen.

Viele Leute kennen jemanden, den sie hassen. Sie sind voller Zorn, was ihnen aber egal ist. Sie wollen ihre Gefühle gar nicht überwinden. Sie denken, sie könnten der anderen Person Schaden zufügen, indem sie ihr nicht vergeben. Tatsächlich aber schaden sie sich selbst.

Verändert die Herzen

Wenn du jemanden hasst und unversöhnlich bist, ist das so, als würdest du Gift trinken und dabei denken: *Das wird ihnen eine Lehre erteilen!* Wenn du Gift trinkst, schadet es nur dir selbst. Es schadet nicht den anderen. Wer sich jemandem gegenüber unversöhnlich zeigt, schadet nicht dieser Person, sondern nur sich selbst. Nicht zu vergeben, zerstört dich. Satan benutzt das als Einfallstor in dein Leben. Es blockiert den Segen Gottes. Du musst vergeben und anfangen, in Liebe zu wandeln.

Wir als Kirche müssen in Einheit leben. Es gibt Dinge, die im Leib Christi solange nicht geschehen werden, bis wir zur Einheit finden. Manche Dinge können einfach nicht im Alleingang getan werden.

Einige Monate vor seinem Heimgang besuchten ich und einige andere Geistliche und Pastoren Oral Roberts in seinem Zuhause. Einer der Pastoren fragte ihn: »Oral, wie können wir unsere Nation zu Gott zurückführen?« Oral Roberts gab hierauf eine der weisesten Antworten, die ich je gehört habe: »Du kannst die Nation nicht zu Gott zurückführen. Niemand kann das. Eine einzelne Person kann keine Nation zu Gott führen. Du kannst nur das tun, was Gott dir aufträgt. Wenn dann die anderen ebenfalls tun, was er ihnen aufträgt, kann Gott diese Dinge zusammenfügen und eine Nation wieder ihm zuwenden. Aber du kannst das nicht allein erreichen. Versuche nicht, diese Verantwortung auf dich zu nehmen.« Wie tiefsinnig!

Du kannst manche Dinge nicht allein bewerkstelligen. Amerika wird nicht wegen einer einzelnen Person zu Gott umkehren. Wir könnten die gottesfürchtigste Person ins Weiße Haus wählen, jemanden, der dem Herrn vollkommen hingegeben ist und tagtäglich alle Entscheidungen auf Grundlage der Bibel trifft. Weißt du, was dann geschehen würde? Ein Bürgerkrieg würde ausbrechen. Amerika würde sich selbst zerstören, weil wir längst den Kampf in der Gesellschaft verloren haben.

Viele Amerikaner scheren sich nicht um Moral. Sie hassen Gott und alles moralisch Gute. Würden wir jemanden als Präsidenten ins Amt wählen, der darum bemüht wäre, moralische Grundsätze durchzusetzen, würde das einen Volksaufstand auslösen. Eine einzelne Person im Weißen Haus wird das Blatt nicht wenden. Wir selbst müssen unsere Mitbürger erreichen. Die Herzen der

Menschen müssen sich verändern. Die amerikanischen Wähler wählen Personen ins Amt, die ihre eigene Moral widerspiegeln.

Die Regierung als Spiegel

John Adams, der erste Vizepräsident und der zweite Präsident der Vereinigten Staaten, sagte im Grunde, dass Demokratie nur für ein moralisches Volk geeignet sei, ansonsten sei sie als Staatsform ungeeignet. Sollte Amerika jemals aufhören, moralisch zu sein, werde die Demokratie uns zerstören. Genau das erleben wir heute. Amerika hat aufgehört, moralisch zu sein. Es ist gottlos. Unsere Kultur macht sich gottlose Dinge zu eigen und fördert diese. Und das trifft nicht nur auf Amerika zu, sondern auch auf andere Nationen überall in der Welt.

> *Gerechtigkeit erhöht ein Volk, die Sünde aber ist die Schande der Völker. — Sprüche 14,34*

Man kann nicht einfach eine Person in die Regierung wählen und erwarten, dass sie eine ganze Nation verändert. Die Herzen der einzelnen Menschen müssen verändert werden. Wenn unter den Menschen eines Landes eine Erweckung ausbräche, würde sich als Nebenprodukt auch die Regierung dieses Landes ändern. Derzeit jedoch reflektiert die amerikanische Regierung lediglich die gegenwärtige amerikanische Kultur. Wenn du Amerikaner – oder freier Bürger irgendeines anderen Landes – bist, solltest du dein Wahlrecht wahrnehmen, denn dies nicht zu tun, ist verantwortungslos. Und wenn du es tust, dann wähle gemäß göttlicher Maßstäbe und nicht nach dem äußeren Anschein. Verglichen mit

Gerechtigkeit sind Dinge wie gutes Aussehen, Geschlecht und Hautfarbe absolut unwichtig.

Jeder muss seinen Teil beitragen. Ich tue das, was der Herr mir aufträgt. Obwohl ich versuche, so viele Menschen wie möglich zu beeinflussen, kann ich diese und andere Nationen nicht im Alleingang zu Gott bekehren. Wenn ich jedoch tue, was ich tun soll, und wenn du tust, wozu Gott dich führt, und wenn jeder andere Christ als Licht und Salz in die Welt hinausgeht und tut, was der Herr von ihm will, dann könnten sich unsere Nationen wieder Gott zuwenden (Mt 5,13–16). Aber es muss in Einheit geschehen. Wir müssen aufhören, uns gegenseitig zu bekämpfen, und zur Einheit kommen. Darauf hat Gott seinen Segen befohlen.

Auf der Einheit liegt ein gottgegebener Segen, und im Augenblick erleben wir ihn nicht. Unsere Gesellschaft ist stärker gespalten, als es wohl jemals der Fall war.

KAPITEL 22

Großer Glaube

Hört auf Unterweisung, damit ihr weise werdet, und verwerft sie nicht! Wohl dem Menschen, der auf mich hört, indem er täglich an meiner Pforte wacht und die Pfosten meiner Türen hütet! Denn wer mich findet, der findet das Leben und erlangt Wohlgefallen von dem HERRN; wer mich aber verfehlt, tut seiner Seele Gewalt an; alle, die mich hassen, lieben den Tod! — Sprüche 8,32–36

Mein Sohn, achte auf meine Worte und behalte meine Gebote im Gedächtnis. Höre auf die Weisheit und versuche, sie mit dem Herzen zu verstehen. — Sprüche 2,1–2 NLB

Durch die Sprüche soll der Mensch Weisheit und Selbstbeherrschung lernen, um gute Ratschläge verstehen zu können. Sie helfen dabei, Zurechtweisung anzunehmen und sie einsichtig im Leben umzusetzen und zu tun, was gerecht, recht und aufrichtig ist. Die Sprüche machen die Unerfahrenen klüger und schenken dem, der noch jung ist, Erkenntnis und Besonnenheit. Wer weise ist, höre auf diese Sprüche und gewinne noch an Weisheit hinzu; wer klug ist, suche sich weisen Rat. — Sprüche 1,2–5 NLB

Wir haben die Weisheit aufgegeben. Gottes Wort wurde den Menschen zur Weisheit gegeben, doch unsere Gesellschaft hat es verschmäht. Speziell das Buch der Sprüche ist voll von Weisheit für den Lebensalltag.

Mir ist bewusst, dass ich an dieser Stelle offene Türen einrenne. Schließlich liest du dieses Buch und bist auch fast schon am Ende angelangt. Aber die meisten Menschen in unserem Land – und in vielen anderen Ländern – haben die Weisheit Gottes verworfen. Sie haben die Weisheit dieser Welt verinnerlicht, und sie lieben den Tod (Spr 8,36). Sie hassen und zerstören sich selbst. Wenn du Gottes Segen in deinem Leben wirksam erleben willst, musst du in Weisheit wandeln – in der Weisheit, die im Wort Gottes offenbart ist.

Jemand vermisst mich

Das Andenken des Gerechten bleibt im Segen, aber der Name der Gottlosen wird verwesen. — Sprüche 10,7

Wenn du ein gerechtes Leben führst, wirst du ein gottgefälliges Vermächtnis haben. Leute werden, wenn du nicht mehr da bist, über dich sagen: »Welch ein großartiger Mensch. Diese Person hat wirklich etwas bewegt.« Aber der Name der Gottlosen wird verrotten. Die Leute werden sagen: »Was für ein Glück, dass wir den los sind. Gut, dass er weg ist. Der hat nur unnötig Platz weggenommen.« Ich weiß, dass es vielen unangenehm ist, über diese Dinge nachzudenken, aber wie werden die Leute wohl über dich reden, wenn du einst nicht mehr da bist?

Kürzlich wurde einer meiner Mitarbeiter beerdigt, der bei einem Autoumfall ums Leben gekommen war. Es gibt ein Sprichwort, das besagt: »Lebe dein Leben so, dass der Pfarrer auf deiner Beerdigung nicht zu lügen braucht.« Dieser Mann hat das gewiss getan. Er liebte den Herrn und lebte ein gottgefälliges Leben, und was die Leute über ihn sagten, war durchweg ausgesprochen positiv.

Was ist mit dir? Was wäre, wenn du in diesem Moment sterben würdest? Gäbe es viele gute Dinge über dich zu sagen? Ich frage das nicht, um dich irgendwie zu beunruhigen oder zu verletzen. Jeder von uns muss sich mit den Antworten auf diese Fragen und mit der Wahrheit darüber auseinandersetzen. Was wirst du hinterlassen? Wenn du willst, dass die Menschen dich vermissen, gib ihnen einen Grund dazu. Lebe ein gottgefälliges Leben und dein Andenken wird gesegnet sein (Spr 10,7). Ist das nicht großartig? Ich hoffe sehr, dass mich irgendjemand vermissen wird, wenn ich nicht mehr da bin!

Freudensprung

Wenn du unter Verfolgung leidest, dann solltest du vor Freude hüpfen und jauchzen. Warum? Weil ein besonderer Segen auf jedem liegt, der um der Gerechtigkeit willen verfolgt wird.

> *Glückselig sind, die um der Gerechtigkeit willen verfolgt werden, denn ihrer ist das Reich der Himmel! Glückselig seid ihr, wenn sie euch schmähen und verfolgen und lügnerisch jegliches böse Wort gegen euch reden um meinetwillen! Freut euch und jubelt, denn euer Lohn ist groß im Himmel; denn ebenso haben sie die Propheten verfolgt, die vor euch gewesen sind. — Matthäus 5,10–12*

Eines Tages wirst du vor Gott stehen und er wird dich vor der ganzen Schöpfung ehren. Menschen, die niemals etwas von dir gehört haben, werden miterleben, wie du belohnt wirst, weil du für den Herrn aufgestanden bist und die Kritik, Zurückweisung und Verfolgung durch andere ertragen hast. Wenn du das begreifst, wirst du dich freuen. Du kannst dann wie der Apostel Paulus sein, der von sich sagte, er sehne sich nach der Gemeinschaft der Leiden Christi (Phil 3,10). Wenn du begreifst, dass um der Gerechtigkeit willen verfolgt zu werden wie eine Krone ist, die du tragen kannst, wirst du Verfolgung mit Freude entgegenblicken können. Damit sage ich natürlich nicht, dass du unweise sein und Verfolgung provozieren sollst. Aber wenn sie aufgrund deines gottgefälligen Lebens tatsächlich eintritt, kannst du dich über sie freuen, weil du weißt, dass der Herr dich dafür segnen wird.

Maria, die Mutter Jesu, war eine gesegnete Frau. Viele Menschen sprechen auch heute noch darüber, wie großartig sie war. Und dass Maria dazu auserwählt wurde, Jesus zur Welt zu bringen, war ebenfalls großartig, aber unser Herr sagte mit eigenen Worten, dass derjenige, der Gottes Wort hört und es bewahrt, noch gesegneter sei, als sie es war!

> *Es geschah aber, als er dies redete, da erhob eine Frau aus der Volksmenge die Stimme und sprach zu ihm: Glückselig ist der Leib, der dich getragen hat, und die Brüste, die du gesogen hast! Er aber sprach: Glückselig sind vielmehr die, die Gottes Wort hören und es bewahren! — Lukas 11,27–28*

Wir sind gesegnet! Jesus sagte, dass diejenigen, die auf sein Wort reagieren und es bewahren, gesegneter seien als seine eigene irdische Mutter.

Verkopft

Geber sind gesegneter als Nehmer. Jesus sagte:

Geben ist glückseliger als Nehmen! — Apostelgeschichte 20,35

Wenn du das richtig verstehst, wird es dich zu der Entscheidung bringen, ein großzügiger Geber zu sein, denn wenn du gibst, wirst du gesegnet.

Nachdem Jesus von den Toten auferstanden war, erschien er seinen Jüngern. Thomas war jedoch nicht dabei. Als die anderen Jünger ihn wieder trafen, erzählten sie ihm deshalb: »Der Herr lebt! Wir haben ihn gesehen.«

Er aber sprach zu ihnen: Wenn ich nicht an seinen Händen das Nägelmal sehe und meinen Finger in das Nägelmal lege und meine Hand in seine Seite lege, so werde ich es niemals glauben! — Johannes 20,25

Wenn du nicht glauben kannst, dann deshalb, weil du nicht glauben willst. Du hast dich dazu entschieden, anstatt an das Zeugnis des Herrn, an etwas anderes zu glauben. Vielleicht denkst du: *Es fällt mir einfach schwer, zu glauben.* Das ist aber so, weil du dich dazu entschieden hast. Dein Verstand ist dir im Weg. Du hast dich selbst aus dem Glauben herauserzogen. Du hast dich dazu entschieden, nicht zu glauben.

Mit den fünf Sinnen erfassen

Jesus war nicht dabei, als Thomas einen Beweis für seine Auferstehung verlangte. Doch als Jesus den Jüngern acht Tage später erneut erschien, sprach er Thomas direkt darauf an. Er wusste genau, was Thomas gesagt hatte.

Und nach acht Tagen waren seine Jünger wiederum drinnen, und Thomas war bei ihnen. Da kommt Jesus, als die Türen verschlossen waren, und tritt in ihre Mitte und spricht: Friede sei mit euch! Dann spricht er zu Thomas: Reiche deinen Finger her und sieh meine Hände, und reiche deine Hand her und lege sie in meine Seite, und sei nicht ungläubig, sondern gläubig! — Johannes 20,26–27

Thomas erkannte Jesus und er begriff auch, dass dieser über alles, was er gesagt hatte, Bescheid wusste. Schau dir seine Reaktion an:

Und Thomas antwortete und sprach zu ihm: Mein Herr und mein Gott! — Johannes 20,28

Es gibt keinen Hinweis darauf, ob Thomas tatsächlich zu irgendeinem Zeitpunkt seinen Finger in die Wundmale Jesu oder seine Hand in dessen Seite gelegt hat. Als er erkannte, dass es Jesus war, fiel er einfach vor ihm nieder und sprach ihn als Herrn und Gott an.

Jesus spricht zu ihm: Thomas, du glaubst, weil du mich gesehen hast; glückselig sind, die nicht sehen und doch glauben! — Johannes 20,29

Es liegt ein größerer Segen darauf, dem Wort zu glauben, als darauf, etwas mit den fünf Sinnen zu erfassen. Das ist kraftvoll!

Sprich nur das Wort

Ich wuchs in einer Baptistengemeinde auf, in der uns gesagt wurde, dass Wunder der Vergangenheit angehörten und heutzutage nicht mehr geschehen würden. Wir hatten absolut keine greifbaren oder spürbaren Erlebnisse mit Gott. Es ging nur darum, gerettet zu werden. Danach war man eben gerettet und harrte aus, bis man in den Himmel käme. Wir sangen: »Wenn wir in den Himmel kommen, was wird das für ein Tag sein«, aber es gab keine Erwartung daran, Gott in irgendeiner Weise im Hier und Heute zu begegnen. Während wir hier warteten, gab es nichts zu erwarten, sondern immerzu wurden wir mit allem nur auf den Himmel vertröstet. Uns wurde erzählt, dass heute keine Wunder mehr geschähen.

Als ich mich dem Herrn schließlich richtig zuwandte, hörte ich von Leuten wie Kenneth E. Hagin. Er hatte Feuer in den Händen, sah Visionen, hörte die Stimme Gottes und bewegte sich im Fluss des Heiligen Geistes. Ich hörte davon, dass Wunder geschahen und dass Leute Erfahrungen machten und unter der Kraft Gottes umfielen. Schauer liefen ihnen über den Rücken. Als ich all das hörte, verspürte ich den Drang, Gleiches zu erleben. Ich sehnte mich danach, eine Vision zu haben. Ich wollte, dass der Herr zu mir spräche, also betete ich und bat Gott, all diese Dinge zu tun.

Der Herr verwies mich auf Thomas' Begegnung mit dem auferstandenen Christus gemäß Johannes 20. Er sagte: »Wenn du mich weiter so drängst, kannst du in den Geist hineinkommen und manche Dinge erleben. Es gibt aber einen größeren Segen, der auf denen liegt, die einfach an mein Wort glauben, und zwar nicht, weil ein Engel zu ihnen gekommen wäre und ihnen irgendetwas mitgeteilt hätte.« Dem stellte er dann den römischen Hauptmann aus Matthäus 8 gegenüber, der gesagt hatte: »Herr, du musst nicht zu mir nach Hause kommt, *sondern sprich nur ein Wort, so wird mein Knecht gesund werden!*« (Mt 8,8). Jesus staunte über den Glauben des Hauptmanns und sagte zu seinen Jüngern: »*Wahrlich, ich sage euch: Einen so großen Glauben habe ich in Israel nicht gefunden!*« (Mt 8,10).

Gegen ihren Willen

Jesus war nie einem Juden begegnet, dessen Glauben so stark gewesen wäre, aber der Glaube dieses Heiden war so stark, dass Jesus darüber staunte. Den größten Glauben, den der Herr jemals fand, war ein Glaube, der ihn einfach bei seinem Wort nahm. Der kleinste Glaube, den Jesus erlebte, war der Glaube von Thomas. Jesus forderte Thomas auf, seinen Finger in das Wundmal zu legen (Joh 20,27), erst daraufhin antwortete Thomas etwas, das man als »Herr, ich glaube« deuten kann (Joh 20,28). Jesus antwortete ihm, dass es einen größeren Segen für jene gebe, die einfach an sein Wort glauben, als für diejenigen, die nur dann glauben, wenn sie einen sichtbaren, natürlichen Beweis erhalten (Joh 20,29).

Ich kenne Leute, die von sich behaupten, sie seien in den Überresten der Arche Noahs gewesen. Sie sagen, sie hätten sogar ein Stück Holz davon mitgenommen. Ihr Argument: »Wir könnten einen Film darüber drehen, dann bliebe den Leuten nichts anderes, als zu glauben.« Man kann Menschen jedoch nicht zum Glauben zwingen. Der Glaube ist eine Entscheidung, die jeder für sich treffen muss. Du kannst niemanden in den Glauben hineinargumentieren. Du kannst nicht einfach etwas aus dem Reich des

Natürlichen benutzen und Leute damit zum Glauben bringen. Das wird nicht funktionieren.

Es gab Leute, die miterlebt hatten, wie Lazarus von den Toten auferstanden war, und die sich danach trotzdem weigerten, zu glauben. Lazarus hatte bereits vier Tage lang tot in einem Grab gelegen. Als er aus der Grabhöhle herauskam, waren auch seine Hände und Füße mit Grabtüchern umwickelt. Lazarus konnte nicht laufen, trotzdem kam er aus der Grabhöhle als Auferweckter heraus (Joh 11,44). Die Leute mussten ihn von seinen Grabtüchern befreien. Viele von denen, die dieses Wunder miterlebten, glaubten, aber einige eben nicht. Sie gingen zu den Pharisäern, um ihnen davon zu berichten. Die Pharisäer heckten dann zusammen mit den Oberpriestern einen Plan aus, wie sie sowohl Jesus als auch Lazarus umbringen könnten (Joh 11,45–53; 12,10–11).

Ein reicher Mann starb und kam in den Hades. Er flehte darum, dass Lazarus (ein anderer als der aus Johannes 11) zu seinen Brüdern auf die Erde zurückgeschickt würde, um ihnen Zeugnis zu geben, damit sie nicht an diesen schrecklichen Ort kämen, an dem er selbst sich nun befand.

> *Er aber sprach zu ihm: Wenn sie auf Mose und die Propheten nicht hören, so würden sie sich auch nicht überzeugen lassen, wenn einer aus den Toten auferstände! — Lukas 16,31*

Man kann Menschen mit nichts gegen ihren Willen zum Glauben bewegen. Sie müssen sich selbst dazu entscheiden.

Lebe im Glauben

Wartest du darauf, dass Gott dir irgendetwas beweist, sodass von deiner Seite kein Glaube mehr nötig ist? Wartest du, bis etwas so greifbar und natürlich erfahrbar wird, dass es alle deine Zweifel zerstreut? Damit kannst du Gott nicht gefallen.

Ohne Glauben aber ist es unmöglich, ihm wohlzugefallen.
— Hebräer 11,6

Wenn er wollte, könnte Gott seinen Namen auf jede einzelne Wolke schreiben, die über deinen Kopf hinwegzieht. Er könnte einen Hund vor dir aufmarschieren lassen, der zu dir sagt: »Hallo, das sollst du heute tun …« Er ließ ja auch Bileams Esel wie einen Menschen sprechen. Gott kann alles tun, aber Glaube ist das, was ihm gefällt (Hebr 11,6). Er wird jedoch niemanden zum Glauben zwingen.

Vielleicht sagst du: »Gott, beweise es mir, beseitige all meine Zweifel.« Er wird das nicht tun. Der Herr liebt dich so sehr, dass er dich in den Genuss seiner Fülle kommen lassen will, und die wirst du nur erfahren, wenn du glaubst, ohne zu sehen. Sein Bestes für dich besteht darin, einfach an seine Verheißungen zu glauben, weil der Heilige Geist sie in dir bezeugt und in deinem Herzen lebendig werden lässt. Gottes vollkommener Plan für dich sieht vor, im Glauben zu wandeln (2Kor 5,7). Gott ist ein Gott des Glaubens!

Es ist nicht so, dass er nicht zu uns herunterkommen will, denn tatsächlich ist er in Jesus bereits zu uns hinabgestiegen. Durch Christus hat er schon alles bewiesen. Es gibt mehr Beweise dafür, dass Jesus gelebt hat, gestorben und wieder auferstand ist, als dafür, dass Cäsar je gelebt hat. Für die Existenz Jesu gibt es mehr Beweise als für alle anderen historischen Tatsachen. Recherchiere selbst, es ist alles da. Weil er bereits auf unsere Ebene heruntergekommen ist und uns gedient hat, versucht er nun, uns auf seine Ebene hinaufzuziehen. Er möchte uns dazu bringen, in seinem übernatürlichen Glauben zu leben, der für jeden von uns verfügbar ist. Es liegt ein Segen auf denjenigen, die Gottes Wort annehmen und es glauben, unabhängig davon, was sie fühlen (Joh 20,29).

Das Leben wird besser

Es gibt so viele Segnungen! Gott hat wirklich für alles vorgesorgt. Du musst dich nur entscheiden, an die Kraft und Wirksamkeit seiner Gunst zu glauben, die er über dich ausgesprochen hat. Du musst herausfinden, worin diese Segnungen bestehen, und sie dann mit deiner Stimme aktivieren. Fang an, die Segnungen auszusprechen.

Beginne, auf der Grundlage des Wortes zu handeln. Wenn du mit dem kooperierst, was er gesagt hat, wird sich der Segen von selbst in deinem Leben manifestieren, und dein Leben wird besser werden, als du es je für möglich gehalten hast.

Gottes Pläne für dich sind großartig. Deine Zukunft ist so strahlend, dass du beim Hinschauen die Augen zusammenkneifen musst. Gott liebt dich, und du bist gesegnet. Empfange sein Allerbestes!

EMPFANGE JESUS ALS DEINEN RETTER

Jesus Christus als deinen Herrn und Retter anzunehmen, ist die wichtigste Entscheidung, die du jemals treffen wirst! Gottes Wort verspricht:

Denn wenn du mit deinem Mund Jesus als den Herrn bekennst und in deinem Herzen glaubst, dass Gott ihn aus den Toten auferweckt hat, so wirst du gerettet. Denn mit dem Herzen glaubt man, um gerecht zu werden, und mit dem Mund bekennt man, um gerettet zu werden. — Römer 10,9–10

*Denn: »**Jeder, der den Namen des Herrn anruft, wird gerettet werden**«. — Römer 10,13*

In seiner Gnade hat Gott bereits alles getan, um dir Errettung anbieten zu können. Dein Teil besteht einfach nur darin, zu glauben und zu empfangen. Bete laut:

Jesus, ich bekenne, dass du mein Herr und Retter bist. Ich glaube in meinem Herzen, dass Gott dich von den Toten auferweckt hat. Im Glauben an dein Wort empfange ich jetzt die Errettung. Danke, dass du mich erlöst hast!

Im selben Moment, in dem du dein Leben Jesus Christus übergibst, erfüllt sich augenblicklich die Wahrheit seines Wortes in deinem Geist. Weil du von neuem geboren bist, besitzt du jetzt ein völlig neues Ich!

EMPFANGE DEN HEILIGEN GEIST

Dein dich liebender himmlischer Vater möchte dir als seinem Kind die übernatürliche Kraft geben, die du brauchst, um dieses neue Leben auch auszuleben.

> *Denn jeder, der bittet, empfängt; und wer sucht, der findet; und wer anklopft, dem wird aufgetan. … wie viel mehr wird der Vater im Himmel [den] Heiligen Geist denen geben, die ihn bitten! — Lukas 11,10.13b*

Alles, was du tun musst, ist bitten, glauben und empfangen! Bete:

> *Vater, ich erkenne, dass ich deine Kraft brauche, um dieses neue Leben auszuleben. Bitte erfülle mich mit deinem Heiligen Geist. Im Glauben empfange ich ihn genau jetzt! Danke, dass du mich getauft hast. Heiliger Geist, du bist in meinem Leben willkommen!*

Gratuliere – du bist jetzt mit Gottes übernatürlicher Kraft erfüllt! Einige Silben einer dir unbekannten Sprache werden nun aus deinem Herzen zu deinem Mund aufsteigen. Wenn du sie im Glauben laut aussprichst, setzt du Gottes Kraft in deinem Inneren frei und erbaust dich selbst im Geist (1Kor 14,4.14). Du kannst dies tun, wann und wo immer du möchtest!

Es spielt eigentlich keine Rolle, ob du etwas gespürt hast oder nicht, als du gebetet hast, um den Herrn und seinen Geist zu empfangen. Wenn du in deinem Herzen geglaubt hast, dass du empfangen hast, dann ist es auch so, denn Gottes Wort verspricht: »Darum sage ich euch: Alles, was ihr auch immer im Gebet erbittet, glaubt, dass ihr es empfangt, so wird es euch zuteilwerden!« (Mk 11,24). Gott ist seinem Wort immer treu. Glaub es!

Bitte nimm Kontakt zu uns auf und lass es uns wissen, wenn du eines oder beide dieser Gebete gebetet hast. Wir würden uns gern mit dir freuen und dir ein Geschenk zusenden, das dir hilft, deine neue Beziehung zum Herrn zu verstehen und darin zu wachsen.

Damit wollen wir dir einfach sagen: *Willkommen in deinem neuen Leben!*

ÜBER DEN AUTOR

Als **Andrew Wommack** am 23. März 1968 der übernatürlichen Liebe Gottes begegnete, wurde sein Leben für immer verändert. Seit vielen Jahrzehnten bereist Andrew Amerika und die Welt und lehrt die Wahrheit des Evangeliums. Seine tiefe Offenbarung von Gottes Wort vermittelt er mit Klarheit und Schlichtheit. Dabei legt er seinen Schwerpunkt auf Gottes bedingungslose Liebe und das Gleichgewicht zwischen Gnade und Glauben. Mit seinem Programm auf *GospelTruth.TV* erreicht er fast die Hälfte der Weltbevölkerung. 1994 gründete er das *Charis Bible College* (Charis) und hat seither Charis-Standorte in verschiedenen Großstädten Amerikas und weltweit eröffnet. Andrew hat eine Fülle an Lehrmaterial in gedruckter Form und im Audio- und Videoformat veröffentlicht, von dem das meiste kostenlos von seiner Website abgerufen werden kann.

Du kannst das AWM-Team per Brief, Mail
oder Telefon kontaktieren:

Andrew Wommack Ministries gGmbH
Postfach 56 03 02, 60407 Frankfurt am Main, Deutschland
info@andrewwommack.de | +49 69 64357850
Gebets-Hotline: +49 69 643578578
www.andrewwommack.de

Gospel Truth

mit Andrew Wommack

Veränderte **Herzen**

Erneuertes **Denken**

Verändertes **Leben**

Zeugnisse kommen von Menschen aus aller Welt,
die sich in das Wort Gottes vertieft haben.

Sieh Andrew Wommack in der täglichen
Gospel Truth Fernsehsendung.
Du findest die lokalen Sendezeiten und kannst
die Sendungen online unter andrewwommack.de/video
oder awmi.net/video anschauen.

Die Macht deiner Vorstellungskraft

Oft beten Gläubige ohne sichtbaren Erfolg. Das liegt daran, dass ihnen die Macht ihrer Vorstellungskraft nicht bewusst ist! Lass dir von Gott ein Bild deiner Zukunft vor dein geistiges Auge malen. Dann kann dich nichts aus der Bahn werfen und du siehst dich immer auf der Gewinnerseite!

159 Seiten, Paperback, ISBN 978-3-95933-216-3
Auch als E-Book erhältlich.

Wie man auf dem Wasser geht

Warum erleben manche Leute Wunder und andere nicht? Um wie Petrus auf dem Wasser zu gehen und Wunder zu erleben, musst du zuerst aus dem Boot steigen. Erfahre, was Andrew aus Gottes Wort über das Leben im Übernatürlichen gelernt hat, und werde auch du ein Mensch, der auf dem »Wasser« geht!

120 Seiten, Paperback, ISBN 978-3-95933-210-1
Auch als E-Book erhältlich.

www.gracetoday.de

Du hast schon alles, was du brauchst!

Wie so viele andere hast du bestimmt schon einmal gedacht: Ich tue doch alles, was ich kann, um den Sieg zu erleben – warum nur klappt es nicht? Doch Gottes Antwort basiert nicht auf dem, was du tust, sondern auf dem, was Jesus getan hat! Erkenne diese Wahrheit – und werde frei!

264 Seiten, Paperback, ISBN 978-3-95933-220-0
Auch als E-Book erhältlich.

Die Vollmacht des Gläubigen

Die Vollmacht des Gläubigen in Christus wird heute in Kirchen und Gemeinden kontrovers diskutiert. Andrew erläutert diesen Aspekt des Christenlebens aus einem Blickwinkel, der bisher Erlerntes in ein neues Licht rückt. Entdecke wahre geistliche Vollmacht, die zu echten Resultaten führt!

288 Seiten, Paperback, ISBN 978-3-95933-236-1
Auch als E-Book erhältlich.

www.gracetoday.de

Ein verhärtetes Herz

Ein verhärtetes Herz verhindert, dass wir die Stimme des Herrn hören und uns in unserem Alltag von ihm leiten lassen. Der Zustand unseres Herzens hängt davon ab, worauf unsere Aufmerksamkeit gerichtet ist. Verschaffe dir Klarheit, wie Glaube und Unglaube sich zueinander verhalten.

102 Seiten, Paperback, ISBN 978-3-95933-230-9
Auch als E-Book erhältlich.

Heilung: Gottes Wille für dich

Jesus hat den Preis für unsere Heilung ebenso bezahlt wie für die Vergebung unserer Sünden. Heilung ist zentraler Teil seines Erlösungswerks. Erfahre, was Gott uns in seiner bedingungslosen Liebe und Gnade alles schon zur Verfügung gestellt hat, und erhalte Antworten auf häufige Fragen.

211 Seiten, Paperback, ISBN 978-3-95933-218-7
Auch als E-Book erhältlich.

Begrenze Gott nicht

Kann man Gott begrenzen? Gottes Wort sagt: Ja, man kann – und wir tun es auch! Andrew beschreibt, inwiefern er es tat und wie er diese Begrenzung aufhob. Lerne von seiner inspirierenden Geschichte und aus der Bibel, wie das geht, und gelange zu einer neuen Sicht auf Gott und dich selbst.

129 Seiten, Paperback, ISBN 978-3-95933-228-6
Auch als E-Book erhältlich.

Ein besserer Weg zu beten

Ist Gebet eine Pflicht? Geht es vorrangig darum, Gott um die Erfüllung von Bedürfnissen zu bitten? Hängt es vom Grad unserer Demut und Ernsthaftigkeit ab, wie Gott auf Gebet reagiert? Klare biblische Antworten auf diese und weitere Fragen könnten dein Gebetsleben drastisch verändern.

216 Seiten, Paperback, ISBN 978-3-95933-234-7
Auch als E-Book erhältlich.

www.gracetoday.de